ユングとフェミニズム
解放の元型
● デマリス・S・ウェーア 著
Demaris S. Wehr
JUNG & FEMINISM Liberating Archetypes
● 村本詔司＋中村このゆ 訳

ミネルヴァ書房

母、フランシス・スターク・スナイダーへ

JUNG AND FEMINISM
by
Demaris Wehr
Copyright © 1987 by Demaris S. Wehr
Published by arrangement with Beacon Press, Boston
through Tuttle-Mori Agency, Inc., Tokyo

もくじ

日本語版序文　　　1

序　文　　　9

第1章　ユングとフェミニズム　対立か対話か？………13
　　もろもろの総合　　21
　　いくつかのフェミニズムの考え方
　　　生得的差異派と社会的構成派　　　23

第2章　心理学と神学におけるフェミニズム理論………27
　　世界観としての性差別　　29
　　女性の内面化された抑圧　　33
　　象徴の持つ力　　38

第3章　ユングの人格と思想を形成した
　　　　三つの人間関係とユングの心のモデル………43
　　ユングの二つの人格　　47
　　ユングとフロイト　　56
　　心のバランスモデルと葛藤モデル　　63

第4章　個性化と内なるキャラクターたち………69

第5章　体験こそ聖なり　宗教としてのユング心理学………103

第6章　フェミニズムのレンズを通してみた………129
　　　　分析心理学
　　女性と自我の滅却　　130
　　もろもろのイメージの第一の力としてのアニマ　　135
　　女性的なるもの　　148
　　アニムス　　152

原　　注　　165
訳　　注　　180
事項索引　　184
人名索引　　187
訳者あとがき　　189

日本語版序文

　1980年代のはじめ，わたしはアメリカ合衆国ペンシルヴァニア州，フィラデルフィアのテンプル大学宗教学部にユング心理学とフェミニスト神学に関する博士論文を提出しました。これが後に本書，『ユングとフェミニズム――解放の元型』となりました。日本では，ユング心理学が現在人気を得ています。そのため，日本の研究者，ユング派分析家，分析家をめざす訓練生，被分析者のあいだで，そしておそらくは一般の教養ある人々の間でさえそうでしょうが，ユング心理学がますますなじみ深いものになってきています。たとえば，河合隼雄博士は，夢，お伽話，神話についてユング派の見地から幅広く著述してきたユング派分析家として知られています[1]。

　この本の二つめの話題であるフェミニスト神学は，ユング心理学に比べると日本ではあまり知られていません。事実，神学自体は伝統的に神についてのことばあるいは言説として理解されてきている一方で，それは何世紀にもわたってますます洗練されてきました。

　今日，合衆国のたいていのキリスト教神学校では，学問としての神学は，「宗教的信念に関する学問的，批判的研究」に関心を寄せています[2]。キリスト教神学，とりわけ1960年代以降のそれは，信念体系と象徴体系と神話（これらはあらゆる宗教に含まれている要素ですが）についてのますます洗練された政治的理解を発展させてきました。この政治的理解の例として，解放の神学，黒人神学，フェミニスト神学そしてウーマニスト（女性）神学があげられます。

　解放の神学は，1960年代後半にラテン・アメリカのキリスト教徒である大衆の貧困体験から起こり，他の発展途上国と北アメリカにも支持者がいます。それは「貧しい人々，周辺に追いやられた人々，植民地の人々の声を表現する神学」です[3]。解放の神学は，聖書には解放への力があり，イエスのメッセージに

は人々をラディカルに解放する力が秘められていることを強調しました。それは、どのようにキリスト教の象徴が抑圧を正当化するものとして誤って理解されうるかということを教えてくれます。解放の神学は北アメリカのキリスト教会においても、たいていはカトリックですが、ラテン・アメリカや他の発展途上国においても、制度化されている抑圧に挑戦し、その方向を逆転させるのです。

解放の神学に10年遅れて黒人神学は、白人を基準とする合衆国でアフリカ系アメリカ人が受ける抑圧の体験から現れてきました。黒人神学者たちは、価値観のうえでは中立的だと仮定されているキリスト教神学において「白人であること」がどのように標準として誇示されているかに注目します。事実、この仮定された中立性はしばしば、白人優位の制度体系を支えています。より近年になって、1980年代のことですが、ウーマニスト神学が、人種差別と性差別による二重のシステムのもとで抑圧と支配を受けるアフリカ系アメリカ人女性の体験から起こってきました。

上記のものはすべて「政治化された」神学の形です。神学のこれらの支流は、少なくとも何らかの形で、宗教の言語、象徴、神話がどのようにもろもろの人為的な構造と制度を「神学的に正当化」しながら実体化しているかを分析するうえで知識社会学に依拠しています。知識社会学は、「知識」がどのように社会的に作り上げられているかを示すことによって、知識を相対化する社会学の一分野です。知識社会学は、知られるものを記述する際に、知る側の社会的背景（これには性、人種、階級、宗教／文化が含まれます）がひそかにどのような影響を及ぼしているかを明らかにします。すべての「知識」はある社会的背景から起こっており、いくつかの点でその背景を反映します。知識社会学によって提供される観点は、最近までは難攻不落だった知識の諸形式を相対化します[(4)]（この点の例示は、本書、『ユングとフェミニズム』の本文の21～29ページと40～42ページを参照してください）。

フェミニスト神学者たちは、男性神学者たちのいわゆる「価値から中立的な」立場が実は「中立的」ではないことを明らかにするうえで知識社会学が役に立つことを理解してきました。男性の手になる神学は、男性を基準とする価

値観もしくは観点を隠しもっています（さらなる説明は，本書29～33ページの世界観としての性差別についての議論を参照してください）。他の「政治化された」神学者たちと同様に，フェミニスト神学者たちも，社会的現実，この場合は性差別を実体化する（それに神聖な地位を与える）うえで宗教的象徴がどのような役割を果たしているかを明らかにしています。性差別は社会制度であるのに，それが神の名で正当化される現実と混同されてきたのです。フェミニスト神学は，象徴体系についての支配的で吟味されていない非政治的な理解に対する厳しい批判を含んでいます（本書38～42ページにおける象徴の力に関する考察を参照してください）。解放の神学者たちと同じく，多くのキリスト教フェミニスト神学者たちもイエスの本来の教えに立ち返り，福音において（男性だけではない）**あらゆる人**のために語られたイエスの教えが根本的に解放する性質があることを指摘します。

　わたしはユングの心理学を研究するという課題にフェミニスト神学を応用しました。たとえ，ユング心理学が**それ自体**としては宗教ではないにしてもです。それは，ユング心理学ではもろもろの象徴と元型が支配しているからです。たいていは不正確なものですが，通俗的なユングの読み方をすると，たしかに，ユングが，元型は歴史を超越すると主張しているように見えてきます。このような主張をすると，ユングは特に知識社会学からの批判を受けることになります。

　最初にアメリカで出版されたとき，この本は，ユングに関する他のフェミニズム的な観点からの著作とは異なっていました。というのは，その調子が穏やかだったからです。わたしは，フェミニズムの理論家とユング派心理学者のどちらかを切り捨てるより，むしろ両者の橋渡しをしたいと望んでおりました（今もそう望んでいます）。それは異例なことでした。わたしがこの本を書いたとき，フェミニストとユンギアンは互いに反目しあっていました。1979年，フェミニスト神学者のナオミ・ゴールデンバーグが『神々の変化――フェミニズムと伝統的諸宗教の終焉』（Boston: Beacon, 1979）を著述しました。ゴールデンバーグの本は，ユング心理学を含めて男性に支配された伝統的な象徴体系に対して論争を挑むものでした。その本の中で，ゴールデンバーグは，女性蔑視

的で女性を貶めるユングの発言を指摘しました（そのいくつかの例は本文の第4章を参照してください）。ほぼ同時期に，フェミニスト神学者，メアリー・デイリがユング心理学を「歪んだ福音」と呼びました（これについての考察は16ページを参照してください）。一方で，ユンギアンは，フェミニストが「アニムスに憑依されている」と見なしました。ユンギアンがフェミニストに「アニムス憑依」というレッテルを貼ったのは，一部には，フェミニストのユングと男性一般に対する怒りから来ています。論争するどちらの側も，相手の見解を病的なものと見なすことによって相手を貶め，切り捨てていたのです。

　学位論文を執筆している間，ユングが女性について矮小化するような女性蔑視的な発言しているのを読むとき，わたしは個人的に怒りと落胆を覚え，信じられないような思いがしました。けれど，『ユングとフェミニズム』を書きあげたとき，この二つの観点をどのように和解させることができるだろうかということがわたしの最大の関心事になっていました。怒りっぽく切り捨てるような調子では対話になりません。わたしにとって，ユング心理学とフェミニスト神学は両方とも，男女双方にとって人間の条件を理解するうえで多くのことを提供してくれます。すでに対極化してしまっている二つの観点の橋渡しをしたことこそ，おそらく『ユングとフェミニズム』のもっともユニークな貢献でしょう。

　『ユングとフェミニズム』に対する反応の多くは満足すべきものでした。この本に対する一部のフェミニストの書評は，わたしの「用心深い」アプローチのせいで，その評価が控えめでしたが，より熱意のある反応もありました。しかし，わたしにとってもっともうれしかったのは，ユンギアンからの反応でした。たとえば，サンフランシスコのユング派分析家，マリリン・ネイギー博士は私の本に対する書評で以下のようなことを書いてくださいました。

　　デマリス・ウェーアはユング心理学の価値を認識すると同時に，それを鋭く
　　批判する書物を著した。実際，彼女の本は現代の社会環境に生きている女性た
　　ちに当てはまるからである。私は二重の意味で彼女に感謝している。まず第一
　　に，ここにあるタイプの研究者の好例がある。それは，自分はユング心理学に
　　深く関与している分析家ではないが，自分の専門分野からの洞察をユング理解

に持ち込んで，一つの統合的なアプローチを示唆している研究者である。思うに，ユング派の分析家たちは，自分たちの心理学に関連している諸学問の人々との真剣で，尊重しあう学際的な議論を非常に必要としている。・・・わたし自身のようなユング派の実践家のあいだでは，わたしたち自身のシステムのもろもろの理論的構造が，あらゆる臨床的コミュニケーションのバックグランドをなす共通の解釈枠組みとなっている。したがって，理論上の作業を継続させることが決定的に大切なのである。

　第二に，わたしは過去数年にわたってフェミニズム運動との関係で共感と疎外の両方を感じてきたのだが，ウェーアの著書，『ユングとフェミニズム──解放の元型』は，この二つの穏やかならざる感情を明確化してくれる点で大いに役だった。

　ウェーアは問題となっている数々の点を明快な図式にして説明してくれた。おかげでわたしは，なぜ自分がフェミニストであり，かつ，（少なくともその運動の中の中心的な教義の点からいえば）そうではないのか，また，ユング派分析家としての自分の態度と体験がどのように女性心理に関する自分の信念に影響を与えてきたかをじっくりと考えぬくことができたのである。・・・[5]

　1987年に『ユングとフェミニズム』が出版されて以来，ユンギアンとフェミニストの間の緊張は少なくなってきました。とりわけ，ユング派の分析家たちは，わたしたちの心を形づくる上で社会的背景がいかに重要であるかということについて，以前に比べて自覚的になってきています。ですから，（アメリカと同様に日本でも）女性たちの間ではびこっている摂食障害や性的虐待など，社会的に構成された障害を以前ほどには「元型扱い」しない傾向にあります。日本でもそうであることを願うのですが，アメリカでの今日の風潮では，ユングが行なったように，「空虚さ」を「偉大な女性の神秘」とみなすことなど考えられないでしょう。ところが，ユングはこの「空虚さ」について次のように言っています。

　　これは男性にはまったく異質な何かであり，深い割れ目，底知れぬ深み，陰である。このうつろな実体ならざるものへの憐憫の情が男性の心をとらえる（ここでわたしはひとりの男性として語っている）。そして人は，これこそが

女性の「神秘」全体をなしているのだと言いたくなる。(6)(本書の138ページを参照してください。)

　今日，アメリカでなら，ユングの発言のような目に余る男性中心主義はすぐさま槍玉にあげられるでしょう。「空虚さ」を女性の大いなる神秘などと言おうものなら，人々はぎょっとするでしょう。人生でのどんな事情で，ある女性が「虚ろな」存在，「実在しないもの」となり，一個の人間として存在せず，声をもたなくなってしまったのであれ，その事情は，彼女を心理学的に治療する際に考慮されねばならないでしょう。最後に，以上述べたことに比べればさして重要ではないが特筆すべきこととして，ユングが「陰」の意味を誤解していることは見のがせないでしょう。

　現在，この本が今や日本の読者に紹介されようとしていますが，それによっていくつかのことが成し遂げられればと思っております。第一には，日本ではユングに関心を持つ人々が増えてきていますが，その人々に，ユングの理論を明快に説明することです。第二には，アメリカでそうであったように，日本でも，この本が，女性の心理学的かつ社会学的な理解と，急速に拡大してきている日本のフェミニズム理論に貢献することです。日本とアメリカの女性（および男性）の間には多くの文化的な違いが存在しますが，きっと多くの類似点もあるにちがいありません。ですから，ユングの男性中心主義との一人のアメリカ人女性の苦闘から，日本の女性と男性にも似たような問題があると感じていただけるかもしれません。第三には，この本が，アメリカやイギリスでそうであったように，日本でもユング心理学とフェミニズム理論の両方に関心のある読者にとって両者の間の溝を埋めるのに役立てばと望んでいます。

　さらにもう一つの点があります。この本で，わたしはユングの男性中心主義と「男性的なるもの」と「女性的なるもの」というユングのカテゴリーに含まれる本質主義を批判しています（本書第6章，特に148～152ページを参照してください）。そこで書いたことには，今も変わりはありません。しかし，男性中心主義的，本質主義的，またはロマンチックに美化された観点から「女性的なるもの」を構築するのでないかぎりですが，現在，わたしたちの世界は「女性的

なるもの」を痛切に求めているように思われます。少なくともアメリカにおいて、そしてますます世界的な規模で、女性も男性も等しく、活動の熱病に浮かされています。その多くはテクノロジーによってもたらされてきています。なるほど、テクノロジーのおかげでわたしたちは、より少ない時間でより多くのことができます。しかし、そのために、自分がしなければならないと思われることが増えてきます。テクノロジーによって世界規模での結びつきが可能になります。しかし、テクノロジーのために世界から人間味が失われます。アメリカでは女性も男性も週に60～80時間働くことが珍しくありません。多くの人々が、他人に「先んじる」ために、あるいは、引退後の収入を保証するためにはこれぐらいは働かねばならないと信じています。ただ存在し、お互いと、わたしたちが生きているこの貴重な地球をただ愛し、慈しむ可能性はほとんどありません。わたしたちはほとんど手がつけられないほどにきりきり舞いしています。スピードを落とし、全体性と正気に向かって歩むことが求められています。わたしたちにはコミュニティが必要です。結びつきが切に求められています。意味こそわたしたちを育ててくれるものです。このような事柄のどれもが「女性的なるもの」という言葉によって正確につかめるのであればの話ですが、わたしたちが必要としているのは、「女性的なるもの」、とりわけ、女性の体験、生の声ともろもろの関係への周到な注意という形をとった「女性的なるもの」です。体験の女性的次元が、待望されていたように再び現れ、男女両性間に平和が訪れ、そこから次世代が育まれることになるうえでこの本の日本での出版が一助になれば幸いです。

　最後に、『ユングとフェミニズム』の翻訳者、中村このゆ博士と村本詔司博士に心からお礼を述べさせていただきたい。お二人がわたしの本を注意深く読み、英語版では気がつかなかった誤りに気がついてくれたことを有り難く思っています。両博士と個人的にも近づきになり、この訳業を共に行なうための共同研究と理解を共有したことをこの上なく感謝しています。

デマリス・ウェーア

序　文

　1985年の夏，クレアモント神学校で深層心理学と宗教のコースを教えていた頃，わたしは一つの夢をみた。その夢の中でわたしは，自分の書き物机の横の床の上にいる白と黒の斑の小馬に，いつまでもいつまでもブラシをかけていた。驚いたことに，その小馬はわたしがきれいにしてやると，ずんずん小さくなり，ついには非常に小さく，そして真っ白になった。それはわたしの机に置くのにぴったりで，言いようのない満足感をもって，わたしは小馬を机のうえに置いた。
　目が醒めてわたしは，ティーンエイジャーの頃自分が持っていた白黒斑のウェールズ種にとてもよく似たもとの美しい小馬が小さくなったようにみえることに落胆を覚えた。少し考えると，その夢の意味がはっきりした。白黒斑の小馬は，わたしの博士論文であり，白いミニチュアの小馬はこの本を表していたのだ。学位論文は長大で，膨大でさえあったが，本書はいたって短い。学位論文のなかには多くの「黒い斑点」があり，そこには，わたしがユング心理学に込められているのに気づいてきた性差別への怒りがあった。出会ったはじめから，ユング心理学はわたしにとって絶大な意味を持っていたので，裏切られた感じと失望，怒りの度合いもまた大きく，深刻だった。
　しかし，わたしのユングに対する怒りは，ユングの人間らしさに気づくことによって解消された。たぶん，わたしたちがもっとも激しい怒りを抱くのは，もっとも尊敬して止まぬ人々が，わたしたちの胸のうちで神々でいてほしいという期待を裏切り，実際はいつもそうであるのだが，過ちを犯しやすい当たり前の人間として立ち現れたときなのだろう。学位論文が本に変わったのは「浄化の過程」であり，だからこそミニチュアの小馬は純白なのだ。しかし，この本は単に学位論文の縮小と「浄化」であるだけでなく，対立を対話にする徹底した作業でもある。

フェミニズムとユングの見地はどちらもわたしにとって重要であり，長年抱いてきたものである。ユング派の分析，とりわけ夢の知恵に対するユングの深い理解はわたしの人生を限りなく豊かにしてくれてきた。フェミニズムがなかったなら，博士論文を完成させることはできなかったかもしれない。メアリー・デイリの著書『父なる神をこえて』は，わたしの，女性であり，心理学・宗教学の大学院生であることのジレンマに初めて光を投じてくれた。デイリは，わたしが感じていることをはっきりと言葉にしてくれた。それは，自分の選んだ学問分野と自分の性との間にもとからある疎外である。デイリの著書を読む以前，わたしは自分の混乱を単に「自分の問題」としてしか感じていなかった。心理学とフェミニズム双方に豊かさを見出したので，この本でのわたしの目的は，いくつかの意味で懸け橋を設けるということになる。その中でもいちばんはっきりしているのは，フェミニズムとユングとの間の懸け橋である。フェミニスト神学^(訳注1)と心理学からの洞察に基づくこの懸け橋によって，女性へのユング心理学の応用を強めることができる。同様の懸け橋によって社会学と心理学の分野が結びつく。フェミニズムの立場に立つ神学者と心理学者は，社会学的観点に依拠するが，その一方でユングとユンギアンは，人格の発達において社会的な文脈より無意識的な要因を強調する心理学，深層心理学の領域にどっぷりと浸かっているのである。

　その前提からいってあまり対話することがないこれら二つの領域の観点を合わせた結果，「解放の元型（liberating archetypes）」というサブタイトルにみられることば遊びに行き着いた。ユング心理学の批判者，なかでも解放をめざす思想家たちは，しばしば元型をプラトン流のイデア的な形相，すなわち不変，不動，永遠のものとして片付けがちである。フェミニズムがその際立った一つの例である解放思想は，普遍的な形相やイデアからではなく，特定の集団の文脈と経験から出発する。解放理論は個別的なものに焦点を絞り，フェミニズムは女性の経験に焦点を合わせる。元型が心と生命の基本であるとする分析心理学は，普遍的なものを探り，発見する。そして分析心理学は，その批判者によると，個別的なものと社会的背景とを排除する。分析心理学の批判者たちは次のようにも主張しようとする。すなわち，普遍的なカテゴリーは帝国主義的に^(訳注2)

機能しており，それらが「啓示」される個人あるいは人々の世界観や状況のコピーに他ならない，と。このように解放思想と分析心理学（と他の深層心理学）には，対話があまり見られない。というわけで「解放の元型」というサブタイトルには，解放と元型という普通はまったく正反対の二つの考えが込められている。わたしがこのサブタイトルを選んだのは，解放理論の光を分析心理学に関連づけ，それによって元型をそれが静的で永久不変のものだという連想から「解放する」ためである。逆説的にいえば，このサブタイトルは，元型が解放するものであるということも示唆している。これならユンギアンはたぶん喜んで受け入れるのではなかろうか。このサブタイトルに含まれることば遊びを，一緒に楽しく考えてくれたわたしの兄のダン・スナイダーに感謝している。

　わたしが取り上げ，扱う領域は三つである。ユング（とユング心理学），フェミニズム（特に宗教と心理学におけるフェミニズムの理論），そして宗教（なかでもユング心理学の宗教性）である。ユング心理学が一つの宗教であるということは，フェミニズムからのわたしの批判の根拠となっている。第1章では，ユングとフェミニズム間の緊張状態のアウトラインを示す。第2章では，フェミニズム的な学問がどのような原理に基づいており，わたしが，それらの原理をこの本でどのように用いているかを説明する。また第2章では，知識社会学の観点と(訳注3)それがどのように宗教に応用されるかも述べる。第3，第4章では，ユングの生涯と彼の作り出した概念の関係を探る。この関係から，ユングの用いた用語は宗教的性格を持っていることが明らかになる。しかし，ユング心理学が一つの宗教であるということをはっきりと確証するのは，第5章においてである。第6章では，フェミニズムからの分析の原理をユング心理学に関係づけ，フェミニズムの観点からの修正を示唆する。

　ユング心理学は宗教であるだけでなく，いくつかの点で一つの神学でもあり，存在論でもある。それだから，ユング心理学が，ユングのようにイメージと象徴の領域を探求するフェミニスト神学者によって取り上げられるのは，もっともなことである。ユングもそうであったように，フェミニスト神学者たちも宗教学と心理学の学問領域の境界を越えている。この本のなかで終始，わたしはユングの心の概念の価値とフェミニズムからの批判の間のある緊張を保持しよ

うと心がけている。性差別をそぎおとすことによって，ユング心理学は，わたしたち自身のみならず，世界を十二分に理解する上で，はかり知れないほど貴重なものとなる。ユング心理学は一つの世界観であり，広範囲に及ぶ幅広い説明を提供しているのだが，わたしたちの危機にあってその内のいくつかが無視されている。

　この仕事の間，家族や友人たちからはかり知れない励ましを受けた。多大の謝意を表したい。兄のダンに加えて，真っ先に思いうかぶのはポリー・ヤング＝アイゼンドラス，ペギー・サンディー，モーリス・フリードマンである。これらの人々はみな，思想を分かち合うことと個人的に思いやりあうことが一つに結びついており，それがわたしにとってはとても大切なことなのである。ポリーの友情，限りない熱意，豊かなアイデアはわたしの人生の一部となり，おりにふれてユングとフェミニズムに関するわたしの考えを育み，揺さぶってきた。この本をより良いものにするためのペギーの鋭い質問と書名のための尽力に深く感謝する。モーリス・フリードマンは初めからわたしの話に耳を傾けてくれた男性の一人である。彼はこの本の表題を考えるのに力を貸し，第5章におけるユングに対するマルティン・ブーバーの批判についてはいくつかの問題点を明確にしてくれた。最後にといっても，わずかということではけっしてないが，ビーコン・プレスの上級編集者キャロライン・バードソールに心から感謝する。彼女はわたしを励まし，力づけ，わたしが自分の考えを十分に表現できるように，わたしの意をよく汲んでくれた。

　お世話になった以下の人々に，篤く感謝の意を表する。キャロル・アームストロング，ジャネット・ブリッグズ，レリア・カルダー，ジョアン・コン，ペッグ・コープランド，キャサリン・ダミアーノ，メアリー・デューイット，エリザベス・ドッドソン・グレイ，リンダ・イーガン，ゲイ・グリッソム，パトリック・ヘンリー，デボラ・ヒュプシュ，コーク・ヒューイット，メアリー・ホプキンズ，マリア・マイヤーズ，スーザン・ノーブル，ドロシー・ライクハルト，パーカー・パーマー，デボラ・スナイダー，そしてティム・スナイダー。

　最後に言いつくせぬ感謝をディヴィッド・ハートとカーステン・ウェーアに。

第 1 章

ユングと
フェミニズム

対立か対話か？

　ブルーノ・ベッテルハイムは，ユング派の分析家，ハンス・ディークマンの著作『二度語られた物語り』に寄せた序文の中で，心理学の大学院生にお伽話を教えたときの経験談を述べている。学生たちに子ども時代に大事にしていたお伽話を思い出して書かせてから，元の話をもう一度読ませ，自分たちが書いたものと比べさせたのである。学生たちは例外なく，自分たちが覚えていた話と実際の物語の違いにびっくりした。その例としてベッテルハイムは一人の学生を挙げている。

　　20代半ばの普通の健康な一人の女子学生は，子ども時代のお気にいりのお伽話を思い出すようにと求められると，そのかわりに，「ヘンゼルとグレーテル」の男性優位主義と自分がみなすものについてさんざんの悪口を書いてきた。このお伽話は，子どもの時からこの学生の頭から離れず，大きくなっても思い出すたびに，むかむかすることがよくあった。[1]

簡単にいうと，この女子学生の記憶では，男の子のヘンゼルがグレーテルを完

全に支配しており，そのため，その学生は魔女を竈に押し込んだのさえグレーテルではなく，ヘンゼルだと思い込んでいた。この女子学生は，このお伽話が，グレーテルに受け身的な態度を勧め，兄に大きな責任と妹に及ぼす権力を持たせるということで，このお伽話を非難していた。彼女は「要するに，女の子の依存性が『ヘンゼルとグレーテル』のようなお伽話によって根拠づけられていること」を非難した。兄，もしくは男性の支配を受けるのが，女の子の逃れられない運命であるというメッセージを女の子の心に焼き付けるように彼女には感じられたのである(2)。この女性は，もともとのお伽話では，魔女を竈に押し込んだのは，ヘンゼルではなく，グレーテルであると知って言葉を失うほどびっくりした。どうしてもそれが信じられられなかった。**本当のお伽話**なるものを探しに探したが，ついには，その女子学生は，自分にもわからないいくつかの心理学的理由で，お伽話を自分流に作り替えてしまっていたのだと認めざるを得なかった(3)。

　ベッテルハイムには，フェミニズムやこの女子学生のフェミニズムへの傾倒を非難するつもりはないのかもしれない（事実，ベッテルハイムはフェミニズムについては一言も触れていない）。しかし，この女子学生によるお伽話の歪曲を語るとき，ベッテルハイムはどこか，フェミニスト（少なくともこの学生）が，自分の心理的問題を必要以上にまわりの環境に投影するところがあると言いたげである。

　同様に，ユング派の分析家，アン・ウラノフも，多くのフェミニストの姿勢に弱点をみいだし，自分の問題をそっちのけにして他者（たとえば，父権制であるとか男性）を非難するときに内省や自己批判がないと嘆いている。このように非難することで女性は自分たちの権威を失い，結果的に再び男性に権威を与えることになると，ウラノフは指摘する。「一部のフェミニストが，女性は犠牲者であるという態度をあまり強くいいたてるので，女性の自己決定能力に関する彼女らの確信が嘘のものになっている(4)」。「すべての不正と不幸を自分の外部のせいにするとき，われわれは，自分のすべてのいやな感情を持ち込む場所を見つける。政治化（politicization）は，政治学（politics）と対照的に，怒りと不安への阿片として働く。激しい怒りは，社会を変えるための武器となる。無

意識的な原因が重なって働くことで，怒りは極端になり，他者の権利を脅かし，暴力を助長するが，そういうことが重要なのではない」[5]。たぶん，ウラノフのもっとも雄弁な観察は，男と女の違いをすべて社会化に還元したがるフェミニストたちに関するものであろう。彼女はユング派の「女性的なるもの（the feminine）」という用語を弁護して，次のように述べる。

> （女性的なるものを意味する）これらの象徴の起源は，すべて外部から取り入れられたり，植え付けられたりした対象にまでたどることはできない。一連の女性的象徴は，何世紀にもわたる性差別を証明しているにすぎないという理屈がアピールするのは，それが恐ろしいほどに単純な精神から生まれているからである。このような大雑把な還元主義は，無意識的に男性の権力に肩入れするものであり，存在の女性的な要素が何世紀にもわたって認められてきたという確固たる事実からの逃避を提供するだけである。わたしたちは，女性を虐げるためにそれが間違って用いられてきたあり方に挑戦してもよいが，存在の女性的要素を避けたり，拒んだりすることはできない[6]。

同じ論法で，他の心理学者や精神分析家たちもフェミニズム運動を「心理化」してきた。

アメリカのフェミニスト神学を率いてきたローズマリー・リューサーは，反対の見解をとっている。リューサーは，ユング心理学がフェミニズム運動への男性の「都合の良い仲間入り」を支えるものだと非難する。彼女によれば，一部の男性は，「男女両性の分極化こそ本当の問題であることに気づくようになっている。彼らは，男性もこのような性差別に苦しめられてきたという考え方に一も二もなく飛び付く。実際，男性たちも〈平等〉に苦しんできたのだ。・・・彼らは，自分自身のなかの〈女性的なるもの〉を回復することが必要だと感じており，ユング心理学はこのような男性のための〈フェミニズム〉に格好の思想的基盤を提供する[7]」。リューサーは議論の焦点をきっちりと「女性的なるもの」に絞っている。この「女性的なるもの」こそ，ウラノフが人間生活において中心的で抜きがたいものとみなすものである。ウラノフが固く信じているところによれば，それは普遍的に存在するがゆえに，その根源は決して単

なる外的なものだけではないというのである。これに対してリューサーは次のようにいう。

> 自分の抑圧されている自己を「女性的なるもの」に同一化する男性のフェミニストは，自分たちが女性の真の「本性」をうまくあやつれるものと考えている。彼らは女性に，男性が作り上げた「女性的なるもの」を育ててもらいたがっているが，それは，男たちの「女性的側面」を育むためである。このような男性たちは女性を理解し，女性に共感しようとしている。そして，実際そのように振る舞っていると本気で思い込んでいるのは，疑いない。しかしながら，こういった男性に限って，女性から，このように定義された「女性的なるもの」は実は男性の側からの投影であり，女性本来の人間性を反映したものでないといわれようものなら，いたく敵意を剥き出しにする傾向にある。男性的自我はいまだにこの宇宙の中心に居座っており，それを，「フェミニズム」が今や新しい方法で持ち上げるようにと誘惑されているのである。[8]

いま一人の傑出したフェミニスト神学者メアリー・デイリは，リューサーよりさらに考えを進めて，ユングを非難する。

> とりわけ誘惑的なのは，男性支配の方向でアニムスとアニマのバランスをとるというユングのやり方を通じて投影される平等の幻想である。というのは，女性は，「相補性」と形ばかりの社会参加に感謝するように訓練されているからである。・・・そのため，女性は自分の性を裏切っていることに気づかず，それどころか，自分たちこそがフェミニズムの大義を進めているのだと信じ込みながら，ユングの怪しげな福音を宣伝するかもしれないのである。[9]

このように，ユング心理学をおとしめるフェミニストとフェミニズムをおとしめるユング心理学者の争いには限りがないということになる。人々が敵対するようになると，相手の弱みを突くのは実に容易で，この場合のように，その攻撃はしばしばかなり当たっている。戦線が確定すると，実り豊かな対話のための基盤はほとんどなくなる。このような争いでは，どちらの側も相手の明ら

かな弱点だけに着目し，相手のこれに劣らず大切なところを認めたり，取り上げたりはしない。どちらの場合も，「賽はすでに投げられ」，相手の言い分に進んで耳を貸さなくなるようである。しかし，もっとも耳障りな批判をしてくる人々のいうことに耳を傾けることができれば，普通何か学ぶところがあるものだ。ユング心理学とフェミニズムに関していえば，どちらの側にせよ，批判には何らかのメリットがある。相互の学習と対話を難しくするのは，双方の頭ごなしに決め付ける態度である。

　たとえば，ウラノフの指摘は次のように受け取ればいいのではなかろうか。一部の女性は，性差別が一向になくならないという理由で父権制を非難することによって，自分ら自身がどのように父権的考えに取り込まれているかを検証するのを避けている。それゆえ彼女らは，自分自身の無意識的な理由で，女性は犠牲者だという定義と自分が共謀していることに気づかずにすませている。わたしがウラノフの著書を正しく読んでいればの話だが，ウラノフは女性たちをこの種の自己欺瞞的な暴挙から解放し，犠牲者にならない道を選べるほどに成熟した責任ある大人になるのを助けたいのである。しかしそうはいうものの，フェミニズムを「驚くほど単純な精神」で女性的なるものを分析するというふうに片付けることはできない。ウラノフはフェミニズムの議論の性格が思想的に複雑で，しばしば才気に溢れていることを捉えそこねている。フェミニストたちといえば，彼女らの多くはユングの男性中心主義を非難する。そのために，ユングが提供するような人間の心の深い理解の恩恵を認めることができない。たとえば，ウラノフに同調しないリューサーとデイリは，ユングの「女性的なるもの」の概念は，女性の現実と，自分が何者であるかについての女性自身の感覚をきちんと扱っていないと主張する。彼女らによれば，ユングの「女性的なるもの」は，女性を女性自身から疎外するいま一つのやり方になる。リューサーもデイリも，広くいきわたっている性差別がどれほど女性たち（と男性たち）を傷つけているかについての大規模な研究を行なってきた。その結果，彼女らは学問における男性中心主義をひっくりかえそうとしている（男性中心主義とは，無意識のうちに男性的観点を規範とする態度であり，その結果，男性の観点からこの世界が理解されることになる。この用語も，他のフェミニスト思想家に共通の

他の用語同様，第2章で詳細に説明する)。非常に違ったやり方ではあるが，リューサーもデイリも女性の生の声で語っている。女性の立場から理解し，女性自身の権威を主張し，女性自身のカテゴリーを定義しているのである。男性中心主義から抜け出て女性の体験を中心にという，この逆転は，習慣はもちろんのことだが，多くの理由から，女性にとってきわめて難しい。おそらく，その最悪の理由は，女性がこの父権的社会で，当たり前とされている考え方のパターンに背くときに受ける「罰」である。デイリとリューサーの見方，背景，優先される行動予定は，ウラノフやベッテルハイムのものとは異なっている。デイリやリューサーにとっては，女性が性差別の制限からいかに抜け出すかが，中心的問題である。一方，ウラノフやベッテルハイムにとっては，ユングやフロイトが定義してきたような無意識の現実こそが，至上のものである。

　多くの女性は，フェミニズムからの修正など必要とせず，今まで通りのユング心理学で充分な恩恵を受けてきたと感じている。このような女性の何人かは，たとえば，ウラノフやマリー・ルイーズ・フォン・フランツのように，ユング派の分析家，著述家となった。他の無数の女性がユングクラブに集い，ユング派の分析家に相談し，ユング心理学を勉強している。何がそんなに魅力なのだろうか？　ユング派の女性がユング心理学についての自分の個人的体験を述べた著作を調べる中で，わたしはこの問題に直接触れている2人の女性分析家を見いだした。それは，ジューン・シンガーとステファニー・ハルパーンであり，彼女らは初期のナオミ・ゴールデンバーグによるフェミニズムからの批判を受けて立っている。この2人のどちらにとっても，ユング心理学の価値は，それが彼女らの体験を裏打ちし，明らかにするということにある。シンガーは次のように述べている。「わたしが個人的に経験してきたことだが，関係性の特質であるエロスは，いつもわたしには自然なものに感じられてきた。これに対し，知的に分別し，世の中で決然と直面するという特質であるロゴスは，努力して学ばねばならないことだった」。このような傾向が決して「自然」なことではなく，父権制社会によって書き込まれてきた役割であるというゴールデンバーグの指摘を，シンガーはほとんど評価も，否，理解さえもしていない。シンガーは同じ論文のあとの方で，女性のためにユングのアニムス・モデルを確証

して次のように論じている。「わたしはいつも自分のアニムス，男性的な魂が世界の創造的な男性たちのイメージによって担われていると見なしてきた。たとえば，ミケランジェロ，レオナルド・ダヴィンチ，バックミンスター・フ
(訳注1)
ラー，ウィリアム・ブレイクや他の男性たちである。彼らはわたしにとって，魂の生の声を非常に実際的，具体的な仕方で体現してきてくれたのである(10)」。ステファニー・ハルパーンもユング心理学を擁護して次のように述べる。

> ナオミ・ゴールデンバーグが，ユング心理学は「人種差別的，性差別的であり，新しい経験に対して心を閉ざしている」という主張を読んでわたしは胆をつぶした。過去16年間，わたしはまず被分析者として，ある時は教師として，最近は心理療法家として，ユング心理学に関わってきた。これは単に日常の生活体験といったものではない…。ユング心理学は，16年前，小娘のわたしが思いもよらなかった事をたくさんわたしに教えてくれた。それは，わたしが，父権的な父親たちの世界観に自分を合わせることもできなければ，わたしにあらかじめ定められていた仕方で彼らの神を崇拝することもできないということであった(11)。

フェミニストでないユング派の著者たちは，ユングの出発点を当然として受けとめている。とくにアン・ウラノフは，ユングの性的両極性（「男性的なるもの」と「女性的なるもの」）を含む両極性に基礎を置く心の捉え方に，深遠な価値を認めているようだ。部分的にはわたしの経験に基づくが，女性の心にユング心理学が訴えてくるのは何よりも，それが「意味を作り出す」心理学だという点にあるようである。ユング心理学の枠組みで見れば，夢，お伽話，神話やその他の形の民間伝承は，人が生きていく上での知恵と指針を含んでいる。意味は，夢に現れる「内なる人物」との対話にも見出される。ユング心理学は，夢やお伽話，神話に限らず，詩や音楽，舞踊，芸術，工芸などもそうだが，新たな世界を開くことを可能にする。ユングによれば，無意識は創造性の源泉であり，ユング心理学は，それまで表現されることのなかった創造性を解放する。分析心理学は合理主義と物質主義に偏りすぎた世界にバランスを与え，意味を見失った魂の暗闇に光をあてることができる。分析心理学は人間の霊的な目覚

めへの道となりうるのである。

　フェミニズムに関心のないユング派の女性には，ユングが「女性的なるもの」の価値を認めてくれていることは，この上ない魅力である。彼女たちは「男性的」側面を実現するのと同様に，「女性的」であってよいと，ユング心理学からお墨付きをもらう。女性が，男性の言葉や考え方で男性と張り合うのに悪戦苦闘している世界で，ユング派の女性（多くは，「外的」世界で成功を治めているのだが）は，ユングなら「女性の直感」と呼ぶであろう，頼もしい味方によって，自分たちが擁護されていると感じる。ユングは，女性的なるものを主に受容性の面から定義している。ユングによれば，受容性は宗教体験に欠かせないものであり，それが女性的なるものと宗教を結びつけている。フェミニストにユング心理学を講義するクラスで，女性的なるものとそれに対応する受容性についてのユングの考えがしばしば拒否されるということが見られる。ユングは女性をまたしてもおとなしく受け身であるというありきたりの型に改めてはめ込み，自らの権利において行為するものであることを不可能にしてしまうというのが彼女らの主張である。ところがユング派の女性はまったく反対に感じており，受容性こそ今の世界で大いに求められている性質であり，エンパワーメント^(訳注2)の一つの形だと信じている。

　ユング心理学もフェミニズムもともにイデオロギーとして機能し，両者はともに物議を醸す。双方ともこの上なく忠誠心を煽りたてる。いったん，これらの世界観に入りこんでしまうと，どちらの場合も，その世界観の外に立って，物事を考えることが困難になる。それぞれ，世界はこうだという強固な考えを持っており，理解と秩序に対する多くの信者のニーズに応じている。この二つ，それに他の思想もそうだが，いずれも「宗教」に近いものになっている。あとの章でくわしく述べるように，実際，ユング心理学の宗教性は，その魅力と強さの重要な部分なのである。

　ユング心理学とフェミニズムのこの葛藤は，現在も続いている社会学と心理学の緊張関係を少なからず反映している。というのも，多くのフェミニスト神学者が，社会学のもろもろの前提に依拠しているからである。あまりに単純化しすぎるという危険はあるものの，社会学は，この世界や社会，そして社会

（集団）の諸勢力内の個人心理を説明しようとしているといえるだろう。一方で，心理学による説明は，何よりも原因を個人の心の中に求めて，それを社会一般に拡大する。したがって，深層心理学の立場に立てば，社会を理解するためには，まず人間の心を理解せねばならない。ユングにあっては，これは，人類すべてを包む集合的無意識を理解するということを意味する。この集合的無意識は，その上に個人的無意識と意識が浮かんでいる「海」のようなものである。集合的無意識は「個人的に獲得されたのではなく，遺伝された特質を含んでいる。たとえば，意識的な動機なしに，必要から行動に駆り立てる衝動としての本能である」[12]。このユングの考え方は，実際，社会学的説明と心理学的説明の間の懸け橋である。というのは，個人と集団の双方を考慮に入れるからである。しかし，しばしば集合的無意識は，社会学的にというよりもむしろ先験的（アプリオリ）で存在論的に働くというふうに理解されており，そのために社会学的観点と衝突すると理解されるのである。

もろもろの総合

これらの対立する意見を総合しようという試みはこれまでのところ，たいていは，学者，特にフェミニスト神学者から起こっている。しかし，フェミニズムの洞察を用いるユング派の分析家も何人かはいる。たとえば，シルヴィア・ブリントン・ペレーラやリンダ・レオナードである。そして，すくなくとも一人，はっきりとフェミニストを自認するユング派の分析家がいる。それはポリー・ヤング＝アイゼンドラスである。フェミニズムの思想とユング心理学を統合しようとするもっとも徹底的な試みのひとつは，エステラ・ローターとキャロル・シュライアー・ラプレヒトによって編集された論文集である。他の執筆者や彼女らの論文だけでなく，彼女らの序文と結語において，ローターとラプレヒトは，今日の女性たちの生活における元型的無意識の意義を検討し，それを裏付けるために，何度も女性たちの生きた体験に立ち戻っている[13]。ローターとラプレヒトは，「アンコンシャスネス・レイジング（unconsciousness raising）」（訳注3）と，フェミニズム的な理論構築への多くの学問によるアプローチを

推奨している。

　ナオミ・ゴールデンバーグとキャロル・クライストの2人はユング心理学とフェミニズムの間の溝を埋めることにも努力をしてきたフェミニスト神学者である。彼女らは，ともにユング心理学をフェミニズムの観点から批判はするものの，人間の条件を理解し，この地球に生をよみがえらせるうえで欠かせないと思われる深層心理学の要素を保持しているという。クライストは，ユング心理学が男性の状況をかなり的確に表現しているが，女性の心については描きかたが不適当であると指摘する。クライストのこの批判については，この本の第6章で，さらに発展させるつもりだ。ゴールデンバーグは，フェミニストが人間生活における神話や儀式，象徴の重要性についてのユングのヴィジョンを大事にするようにと勧めている。彼女は，ユングの夢分析の方法には積極的な意義があると考え，フェミニズムの考え方から夢やファンタジーやヴィジョンが果たす役割に焦点を当てる。しかし，これらのフェミニスト神学者はユング派の間で広く受け入れられてきたというわけではない。それはたぶん，彼女らがフェミニストであると自認してきたからだろう。ゴールデンバーグは言う。「わたしがユング派の聴衆を前にして，アニマ／アニムス理論の論理的不備を突くと，『アニムスに乗っ取られた女』という名前をよく頂戴する。講義のためにどれほど淑やかなドレスを着ていようとも，女性のロゴスが普遍的に劣っているということについて疑問を差し挟むやいなや，女らしさから離れすぎていると警告されるのは間違いない」（「アニムスに乗っ取られた（animus-ridden）」という言葉については，第4章で再び触れるが，簡単に言うと，この用語は，女性の持つ女らしさへの中傷である。すなわち，そのような女性は自分のアニムス——つまり無意識的，男性的側面を統合してきていないために，アニムスに「取り憑かれ，男のように振る舞っている」という主張である）。

　この本でのわたしの立場は，ゴールデンバーグやクライストにより近く，オーソドックスなユング派とも，また，すべての男性的な思考のやり方は何が何でも間違っていると非難するたぐいのフェミニズムとも一線を画している。フェミニズムもユング心理学もともに人間の条件を理解する上で，重要な貢献をしているとわたしは思っている。ユング心理学は，意味を付与する心理学で

あり，人間の条件を病理に還元しない。事実，ユング心理学は，さまざまの症状を，心がアンバランスを解消し，無意識的に感じられている間違いを正そうとしていることの象徴であるとみなす楽観的な傾向を持っている。現代世界の状況に対するユングの見方は，わたしが知っているものの中ではもっとも完璧な心理学的で霊的な説明である。投影の撤回（実際は自分自身の特徴であるものをもはや外部の他のものに見いださないこと）が，国家間であれ，個人間であれ，相手と付き合ってゆくためには必要だというユングの提唱は，世界や個人を理解する上できわめて重要な知恵を含んでいるようにわたしには感じられる。

いくつかのフェミニズムの考え方
生得的差異派と社会的構成派

あまりに多くの考え方がフェミニストの内部で流布しているので，なにかひとつのものを指しているかのように「フェミニズム」という語を使うことは，誤解を招く。フェミニスト自身，父権制（文字通りには，「父親たちによる支配」）が現在普遍的に存在し，そしてこれまでも常に普遍的に存在してきたかどうか，について議論している。しかし，父権制を普遍的と見ることができるかどうかということは，ここでのわたしの関心ではない。興味深いことに，父権制が普遍的に存在していなくても，西洋文明では男性が支配しているということは，ユング派とフェミニストが合意しているテーマである。この一致点が，わたしの出発点になるであろう。すなわち，男性による公的生活と思考システムの支配として理解された場合の父権制は，西洋文明に存在しており，宗教，心理学，言語を含めてそのすべての制度に反映されている。これは，父権制のもとでは，女性にまったく権力がないということではない。一部の女性は権力を持っているが，それはねじ曲げられた形で，しかもたいていは，私的領域において存在しているのである。女性が行使する権力とはどのようなたぐいのものかという問題については，のちの章でフェミニズムの洞察をユング心理学の用語に適用しながら検討してゆく。

フェミニズムの思想におけるもう一つの未解決の課題は，男性と女性が（基

本的な生物学的違いを越えて）根本的に同じであるのか，違っているのかということである。多くのユング派，なかでもアン・ウラノフは，フェミニストが男女間のすべての違いをあとかたもなくそうとしているのではないかと危ぶんでいるようである。この懸念には根拠がない。それにもかかわらず，男女両性間の違いが，社会的に作り出されたものか，生物学的なものかという問題は，フェミニストの内部でも決着が着かないままである。「社会的構成派（social constructionist school）」（訳注4）のフェミニストは，女性たちの生活と男性たちの生活とでは行動に違いがあるという点には同意するが，これらの違いが社会的に作り出されたものであり，生物学的に決定されたものではないと述べている。彼女らの考えでは，社会的に作り出されたもろもろの違いは，社会的に役立ってきたのである。この学派に属するフェミニストたちにいわせると，一部の他のフェミニストがするように，ある人格特性を生れつき男性的とか女性的と決めること自体が，男性支配の普遍性を認めていることになる。逆説的なことだが，社会的構成派はあることを懸念している。それは，生得的差異についての昔の父権的な見方が，女性や「女性的なるもの」を卑しめるために使われてきたのとちょうど同様に，「生得的差異派（innate difference school）」（訳注5）が男性やこの世界のすべての男性的なあり方の価値を下げるために使われるのではないかというのである。しかし，「社会的構成派」がもっとも根深く恐れているのは次のこと，すなわち，もし「生得的差異派」が，たとえフェミニストたちによって「女性的なるもの」の価値を認めるために用いられても，両性間の違いを単純に実体化し，ついにはこれまでいつもそうであったように，女性の価値を低めるために，利用されるのではないかということである。

　今日のたいていのフェミニスト神学者はむしろ，行動や価値観の面での男女間の違いを論じている。心理学におけるキャロル・ギリガンのように，フェミニスト神学者も，父権制のもとで「女々しい」ふるまいと言われてきたようなことが，実際はある種の強さを持っていることをよく指摘する。ギリガンもそうだが，彼女らは，男と女の違いがどこから起こるのかといったことを議論しないのかもしれない。ギリガンのようなフェミニストの考え方は，ユングの考え方に近いと見ることもできよう。しかし，両者の間には重要な違いがある。

すなわち，ユング派にとっては女性的なるものは，実際に生物学的，生得的なものであり，存在論的なものでさえある。フェミニスト神学の中では，メアリー・デイリが生得的性差モデルにもっとも近く，そしてローズマリー・リューサーは社会的構成派にもっとも近い。デイリの立場は，性差が生得的だという考え方を含んでいるようにみえる点でユング派に近づくが，デイリなら，ユングが女性的なるものに対して行なったのと同じやり方では，女性的特徴を定義しないであろう。実際，彼女はユングの定義とはまったく反対の立場に立っているのである(19)。

性差が「自然なもの」か，それとも「文化的なもの」かというこの論争にも，わたしは立ち入りたくない。女性的行動と男性的行動を作るにあたって自然と文化が果たしている役割を十分に示す事実はおそらくおおむね人類学によってもたらされるだろうが，いまはまだ得られていない(20)。しかし，わたしは，西洋の父権的文化が女性的なるものをどのように定義してきたかについての社会的構成派の洞察に依拠することになるであろう。性差別，女性蔑視，そして，巧妙で陰険な男性中心主義が社会に，したがって，宗教学や心理学といった分野を含めた学問にまでどのように災いしているかについては，すでに充分な証拠があがってきている(21)。かわりにわたしとしては，特に父権制がどのように女性自身の自己評価を傷つけているか，すなわち，女性の心に内面化された抑圧，およびそれが現在のユング心理学によって，どのように強められうるかを重点的に考えてゆきたい。「内面化された抑圧（internalized oppression）」（訳注6）とは，女性が父権的社会の女性の定義を内面化するプロセスのことを言っている。この女性の定義は，しばしば補償的に，かつ，ロマンチックに「気高い」味付けもされてはいるものの，いろいろな点で女性を抑圧し，否定し，おとしめている。女性は，自分自身を疎外する父権的な女性評価で，内面から自分を押し殺すことを身につける。このような父権的社会で成長してきた女性を相手に適切に治療するためには，ユング派の分析家を含むセラピストたちは，性差別が実際どのように行なわれているか，また女性クライエントがその内面化に苦しんでいるであろうということによほどの注意を払う必要がある。女性の心理療法をするための以下の基準は，わたしたちの指針となろう。

性差別と女性におけるその心理学的な道連れといえる内面化された抑圧は，い
　　まだにわたしたちの社会にあまりに広く蔓延している。そのため，どのような
　　心理学の理論にせよ，実践にせよ，これらの事実を考慮せず，またこれらと敢
　　然として対決しないものは，女性にとって解放をもたらすセラピーではない。

　性差別の現実と女性の生活に与えるその影響を認識することは，わたしたちがその中で生きている父権的文脈と，女性と男性の人格の形成に現在もそれが及ぼしつづけている影響を真剣に受けとめることである。このようにしてもろもろの元型的イメージは，「地に足がついた」ものとなり，その社会的背景から根拠づけられるであろう。

第 2 章

心理学と神学におけるフェミニズム理論

　フェミニズム理論のある原理は，ユング心理学の見解と衝突するようにみえる。しかし，これらのフェミニズムの原理に教えられることで，ユング心理学の理論と実践は現代女性の生活において強められ，豊かになるのではなかろうか。以下に見るように，フェミニズムのアプローチは，社会的行動の決定にあたって，社会的文脈（social context）が及ぼしている力に焦点を当てている。これとは対照的に，アン・ウラノフは，社会的行動の拠り所を生物学と存在論に求めている点で典型的にユング派である。たとえば「女らしい」行動が，生物学的，発生学的，さらには存在論的にさえ決められているならば，そのようにふるまわない女性は，自身の本質に背いているのは確かである。「女性的なるもの」と「男性的なるもの」についてユング派が言おうとしていることはまさにこのことである。しかし，以下にそれらの深層を探求すると明らかになってくるように，これらの概念は，非常に曖昧であり，男性と女性にそれぞれ特有のものではない。いずれも，男性と女性のそれぞれの発達にとっての潜在的な可能性を表しているのである。

　知識社会学と人類学に基づくフェミニスト神学者やフェミニスト心理学者は，

行動を形づくる社会的文脈に注目する。彼女らはこの社会的文脈と話し言葉，考えのパターン，行動，そして上品で，礼儀正しい行動として社会が認めるルールをあえて踏み外すときの「みなと違う」ことへの恐れに社会的文脈が及ぼす影響を検討してきた。彼女らは，20世紀後半のアメリカ社会にいみじくも，「父権的（patriarchal）」というレッテルを付けてきた。すでに指摘したように，文字通り，父親が支配しているからである。女性にとって，父権的文脈で生活するということから起こってくる影響は数限りない。これらの結果については，他の人々によって十分論じられてきたが，本書での用語の意味をはっきりさせるために，ここで再度触れておかねばならない。

　ユング心理学の人間観は，ほとんど「文脈抜き」といってよい。時空間を超越したもろもろの元型的な要素（それゆえ，超越的文脈）が，個々の人格を形成する主な力と考えられる。社会的文脈が個人の行動や人格を形づくるうえでどれほど強力であるかは，正確なところは誰にもわからない。しかし，ユング心理学の本を一度でも読めばそこから嗅ぎとられることだが，文脈も時代も無視した普遍的で非歴史的な心理学の理論は，今日では疑いの目を向けられざるをえない。知識社会学，とりわけピーター・バーガーによって展開されてきたものに依拠する本書では，わたしは以下の立場にたっている。すなわち，人間は自ら自身と社会における重要な他者との「現在進行中の会話（ongoing conversation）」によって形成され，この会話から外れることは，アノミーの危険性を冒すということである。[1]「アノミー（anomie）」という言葉は，デュルケームのノモス（nomos）の概念から出発してバーガーが新たに造った語で，（訳注1）人間の社会と生に意味，秩序，安定性を与える組織原理なしで生きることが，どのようなものであるかを記述しようとする概念である。ノモスなしで生きることは，非存在の純然たる恐怖を体験するということである。バーガーの見解，それに他の社会心理学者，知識社会学者の見解は，個人が自分の集団に受け入れられることがいかに重要かを問題にしているが，このような考え方はユング心理学には見られない。[2]実際，われわれが自分の属する社会的集団に受け入れられようとするならば，事実自分が何者であるかをわたしたちに教える「現在進行中の会話」は，われわれの行動に決して無視できない影響を与えているの

である。

世界観としての性差別

　性差別，女性蔑視，女性に対する抑圧のテーマはよく知られている。だが，その現実と深刻さは，この社会で広く認められて受け入れられてきたわけではない。認識がこのように欠けているのには，いくつかの原因が考えられるが，その中でも最も根深い原因の一つは，性差別が一つの世界観になっているということである。すなわち，それは，人がこの世界とその正しい秩序を見るときの「レンズ」なのである。レンズが見え方を歪めているかもしれないことは，そのレンズで秩序だてている世界を他のレンズを通して，あるいはレンズ無しで見た世界と比べられるようになるまではわからない。女性は，西洋に標準的なレンズでこの世界を見ている。男性同様に，この社会で受け入れられる行動ができるように社会化されているからである。それに加えて，女性がこの性差別的な世界観を受け入れ，それにぴったり当てはまるように行動すれば，報酬がある。たとえば，魅力的でセックスアピールがあれば，多くの女性は自分には価値があるという感覚を与えられる（しかし，父権的な基準自体は女性からこの価値の感覚を奪ってきたのだが）。自分を経済的に養ってくれる男性を探しているのなら，魅力的であることは結婚市場で文字どおり一つの価値となる。「女らしく」あることに成功すれば，女性は，知的向上心やある種の強さを発達させる責任から解放される。しかしあいにく，これらの「報酬」は，普通，一生涯満足させてくれるわけではない。女性も男性同様，この世で生きていくための強さと能力を磨く必要がある。ますますその圧力は強まってきているが，経済的な理由からでないとすれば，自己評価のためにである[3]。

　ここで性差別が作り上げる世界観上の歪曲について，簡単に触れておこう。性差別は，女性と男性の「本性」を限定してしまう信念から成り立っている。これは男性にもダメージを与えるが，女性をことさら傷つけている。というのは，西洋の父権制では完全な人間とはとりもなおさず男性であることを指し，女性はいつもその圏外に置かれているからである。それは父権制の「現在進行

中の会話」の多様なレベル（宗教，心理学，民衆の文化）によってたえず強められている。そのため，女性が社会の中で大人としての身分，責任，権威を求めようとすると実に多くの困難に出会う。[(4)] 男性であることが，人間の基準であり，完全な人間であることを表しているので，完全な大人の人間であろうとする女性は，自分たちの「女らしさ」について，ダブルバインドに陥ってしまう。完全な大人ではないにしろ，「女らしく」あるということではじめて，女性はこの社会で受け入れてもらえるからである。

一つの世界観として，性差別は，わたしたちの意識構造と双子のようにぴったりと合わさるようになっている。この世界を性差別のレンズで見るということは，社会の性差別的な構造が，ものごとの自然なあり方に見えるということである。シモーヌ・ドゥ・ボーヴォワールや他の人がいみじくも指摘したように，物事の自然な秩序のように見えるものはいずれも，神によって定められ，維持されているように感じられるようになる。[(5)] ものごとの性差別的な秩序が「自然」であれば，それは誰かによって作られたもののようには見えず，それゆえ，わたしたちの生物的，遺伝的な本性から生まれてきたもののように見える。このような信念が，社会制度を深く支えており，また意識のもろもろの構造は，男性の特権がしっかりと守られている社会制度を反映するようになる。それゆえ，性差別は男性に特権を許し，男性の多くはそれを失うことを嫌う。最後になるが，性差別は女性に対する深い恐れを隠蔽している。この女性恐怖とおそらくその原因と考えられるものについては，第6章で検討しよう。

西洋の父権制のもとでは，性差別的な世界観から，女性が抑圧されることになった。女性への外的抑圧，目に見える抑圧は，しばしば公の領域から女性を締め出すという形をとっている。そこは威信がかかっており，切り盛りするのに，「現実的な逞しさ」（「女らしい」女性がおよそ持ち合わせない性質）が要求される領域なのである。それゆえ，政府，高次の意志決定機関，教会や研究機関での高い地位，政治的，経済的機構から，女性は締め出されるのである。これらの分野から女性が締め出されることによって，そこでの男性支配はさらに強まり，女性はそのような舞台に参加したがらなくなる。これらの分野のすべてに入りこんでいる女性もいることは確かだが，その数はこれまでのところ，あ

まりに少なく，申し訳程度にすぎない。この社会でのもう一つのよく知られた女性の抑圧の形は，男性と同等の労働をしているのに，それに支払われる給与が低いという単純な事実であり，家事労働や他のいわゆる「女性的」な仕事が低く価値づけられていることである。公の価値は，男性の基準によって測られているのだ。

　男性中心主義は，とりわけ悪質な形の性差別である。なぜなら，女性の自分らしさの感覚を破壊する潜在力を持っているからである。簡単にいえば，男性中心主義とは，世の中，わたしたち自身，および世の中のあらゆることを男性的観点から考える習慣のことである。この観点からすれば，男性が体験の中心であり，その体験が規範となる。男性の規範が普遍的であると誇示され，その規範によって女性は中心ではなくて「他者」として，主体ではなくて「対象」として定義される。男性中心主義は，男性の感じ方を絶えずこの社会に注ぎ込むことによって，女性の生の声や感じ方をかき消してしまう。それは，女性は劣っているというメッセージを，否定的扱いや卑小化といった単純なやり方よりも，微妙な深いレベルで女性に伝えるものである。男性に属する言葉を用いることで，男性中心主義の習慣は変わらないものになってゆく。ひとたび，女性は主体としてでなく対象として，規範に合わない存在として，不完全な大人として定義され，そのように扱われると，その定義自体のために，女性はありのままや自分らしさの感覚から疎外されてしまう。定義とカテゴリーは，ものごとの本質が何であるかを語るために，大きな暗示の力を及ぼす。わたしたちが何の考えも批判もなく受け入れてしまうと，それらは自己成就的な予言（self-fulfilling prophecies）のように作用しはじめる。あることを信じ込んでいると，実際にそのことが起きてしまうのである。だからこそ，解放をめざすグループは，実際の体験の重要性に焦点を合わせつづけてきたのである。支配的なグループの誰かが「あなた方の体験はこうだ（もしくはこうあるべきだ）」と述べることによってではなく，自身の体験を拠り所にすることによって，「マイノリティー（少数集団）」の人々は，ますます自分を信じるようになり，その結果，社会に支配的な定義に立ち向かえるようになってきている。これらの定義が今後も存在するかどうかは，社会において十分な同意があるかどうかにか

かっている。もちろん「体験」というものは，少し怪しげなところがある。というのは，体験は，大部分，人が，その中で生まれ育った社会的，言語的母胎によって形成されるからである。「女性の体験」とは何かを定義することに初めから含まれている問題や，それを定義する上で父権制がはたしているかもしれない役割については，多くのすぐれた研究がある。[9]

ポリー・ヤング＝アイゼンドラスは次のように言っている。「他の人々と違って自分には独特の欠陥があるとか，不適格だと評価して，なるほどと思わせないような大人の女性に，わたしはまだ会ったことがない」[10]。その意味するところが明白なヤング＝アイゼンドラスの主張によって，わたしたちの探求は，世界観としての性差別のもう一つの側面に踏み込むことになる。しかし，男性と女性の本質に関してこの社会で現在進行中の会話の中でも無意識的で隠されてはいるが，常に存在する部分である性差別によって，女性は日々自分の劣等性をたたき込まれる。女性は，社会に支配的なエートス（慣習的精神）に歯向かえば，どれほど酷い罰を受けるかを肌で感じている。社会がその構成員に与えうる懲罰の中でも最たるものは，仲間外れである。よく知られているように，未開社会では，逸脱したメンバーがその集団から排除され，特に抹殺を意図する排除の儀式を受けると，そのメンバーは普通は死んでしまう。なぜ女性は，自分が何者であるかについての社会の混ざり合ったメッセージに挑戦することよりも，むしろ自らの劣等感を内面化することを「選ぶ」のであろうか。この問題を分析するにあたって，上に述べた認識が重要にならざるをえないように思われる。挑戦が起こるとすれば，それは，自分の不適格感に挑戦することから始まるだろう。なぜなら，この感情があるからこそ，社会秩序の中で女性が従属的立場にいることが，道理にかなっているということになるからである。女性は，もしもみなと同じような会話に加わらなければ，「タブー」を侵しているように行動しているのだということをどこか深いレベルで感じている。未開社会ではタブーを侵すことに対する罰は死であるが，わたしたちの「文明」社会では，逸脱者はこのような表立った仕方では懲罰を受けない。ただ，冷遇され，親切にしてもらったり，理解してもらったりすることがなく，身体的な死よりもむしろ「魂の死」に追いやられることになる。このようなことがある

からこそ，フェミニズムが社会のカテゴリーに突きつける挑戦に関わってきた女性は，同じ志を持つ他の女性たちから支えられてきたのである。社会集団がなければ，人は霊的にであれ，肉体的にであれ，死んでしまう。

女性の内面化された抑圧

　フェミニストたちの考えでは，女性がなんらかの点で「自分が他の人と違って，特に欠陥があって不適格だ」と感じるのは，父権的社会による女性の定義が内面化されたことの結果である。それに反して，ユング派では，人格の源は，社会の中に広く現れた元型的要素に求められる。わたしが取りたいと思う立場は，社会と個人の心が互いに弁証法的に関係しあっているというものである。それは次のことを意味する。ユング派がいうように，心理的な力（前合理的イメージ，神話的テーマ，恐れや欲求）が，まさしく社会を形づくっている。同時に，各個人が生まれてきた時にはすでに存在している社会構造は，その個人の人格を形づくる上で，非常に大きな影響を及ぼす。一般的にフェミニズムからの分析がそうであるように，わたしの分析も，ユング心理学からの通常の分析よりも，人格形成上の社会的文脈に重きを置いている。ヤング＝アイゼンドラスが言っている女性の自己評価の深刻な傷つきということを，わたしは「内面化された抑圧」と呼んできた。[11]

　内面化された抑圧は女性の内側で，ある種のあり方として感じられ，ある種の声で語りかけ，女性にある種の影響力をもつ。ドリス・レッシングは『四つの門を持つ都』で，そのヒロインであるマーサ・クェストとマーサの友人のリンダの生涯と心に典型的に見られるような，女性の内なる自己嫌悪者，「セルフ・ヘイター（self-hater）」という形姿を描いているが。それは内面化された抑圧がどのように働いているかの見事な見本である。[12] レッシングは，マーサがセルフ・ヘイターと自覚的に面と向かい合うのと，リンダがこの内なる形姿によって，自分が犠牲になっていることに対する自覚を欠いているのを鮮やかに並置している。[13] 内なる声と意識的に直面するのと，それが何であるかを知らず，またそれらから自分自身を分化できずに，内なる声の言いなりになってしまう

こととの違いは大きい。事実，この区別ができるようになることこそ，ユング派の分析の主な目標の一つなのである。次の引用は，セルフ・ヘイターが何を語ってどのような影響を及ぼしているかということと，意識がそれから自由になることでマーサが，自分に対するその影響を見つめられるようになることの両方をうまく示している。

> マーサは声を上げて，すすり泣き，のたうち回っていた。激情に押し潰されそうになっていたのだ。やがて，これらの声のうちの一つが際立って聞こえてきて，マーサの内なる耳に迫ってきた。それは大きいかと思うと，柔らかく，快活に聞こえるかと思うと，ひそかにあざけるようにも聞こえる。しかし，それがマーサへの対立，マーサへの嫌悪であることには変わりない。マーサはそれに逆らって叫んでいたのだ。彼女は弁解し，許しを乞い，喜ばせ，免罪符を買わねばならなかった。その声がマーサを責め続けている間，絨毯の上に腹ばいになって，泣いていたのだ。[14]

この本の少しあとの部分で，主人公マーサは，セルフ・ヘイターとの関係に自覚的に入り込んでゆく。「マーサはその声の世界に入りこむと，セルフ・ヘイターと真正面から激しくぶつかった。・・・それはもちろんマーサが半ば予想していたことであり，むしろ望んでさえいたことであった。しかし，なんと彼は手強い敵であり，恐ろしいほどの力の持ち主であり，彼と戦うことはなんと困難なことか」[15]。

ヤング＝アイゼンドラスによれば，父権制の大人の女性はすべて，セルフ・ヘイターと戦わねばならないのに，それが「内なる声」として存在していることを知らず，その声と「対話」したり，あるいはそれを悪魔祓いするだけの十分な距離をとっていないとのことである。もしもそれが事実だとすればどうだろう。その場合，わたしたちはまず，内面化された抑圧がどれほど女性を傷つけてきたかを見定めることから始めることができる。レッシングは，リンダの気が狂うのは，どこにでもいるが，気づかれないセルフ・ヘイターのためだと考えた。リンダのように気が狂わなくても，父権制の中で生きているたいてい

の女性は，その存在が認知されていないセルフ・ヘイターを抑鬱，低い自己評価，賛同を求めての他者に対する過度の依存，そして父権制が自分たちに指定してきた位置を踏み外すことに対する強い恐れとして体験している。セルフ・ヘイターもしくは内面化された抑圧は，父権的な社会に暮らす女性を心理的に無力にする一つの要因である。メアリー・デイリはこれを「心理的埋め込み（psychic embed)」と呼んでいる(16)。

　この邪悪な声とそれが女性の人生に及ぼす影響力については，現在のフェミニスト心理学の文献で多くの例があげられている。ジーン・ベーカー・ミラーは，わたしたちの社会の男性支配／女性従属というパターンと，それがわたしたちの精神や行動に及ぼす影響という面から，女性心理学のためのガイドラインを展開させてきた。ミラーによれば，「従属している者ら自身は，自分の能力を信じにくくなるのかもしれない。従属者がより広範な，もしくはより多くの重要な役割を果たせないという神話は，よほど劇的な出来事で普段の秩序が崩壊しないことには疑問視されない」(17)。ミラーはこのような「劇的な出来事」として，たとえば，第二次世界大戦の勃発を挙げている。このとき，「無能な」女性が，突然「男になって」工場で腕をふるうことになったのである。わたしたちの社会での有能さの通常のカテゴリーでは，女性にはこのような能力がないとされている。「従属者たちが，支配者たちの作り上げた虚偽の大部分を吸収することから，悲劇的な混乱が生じる。自分が白人より劣っていると感じている黒人，自分が男性より重要でないといまだに信じる女性が大勢いるのだ」とミラーは主張する(18)。

　メアリー・デイリの近年の著作はたいてい，内面化された抑圧が女性の心に及ぼす働きと，それを促進する外的な抑圧に焦点が絞られている。デイリの業績の重要性は，レッシングのそれと同じく，この内なる声が女性を内側からどのように無力にするかを見事に分析している点にある。たしかに，父権制社会は，女性と，ユング派が「女性的なるもの」と呼ぶものを恐れてはいるものの，強大である。だが，もしも女性自身が，自分は男性より「劣っている」とか「弱い」とか，ふだんから不適格だといった自分を傷つけるようなメッセージを内面化させていなければ，父権的基準は存続しえないだろう。それ故に，こ

の内なる声が，もっとも破壊性を発揮するのは内的レベルにおいてなのである。というのも，それは，女性を内側から麻痺させ，そのために女性は，自己破壊において，あるいは自己破壊といえるほどのものでない場合においても，自分が発達していないことを受け入れるうえで共謀者になるのである。デイリは，セルフ・ヘイターの働きのレベルを一つ一つ詳細に分析し，それがどのように女性の能力やエネルギー，最後にはその自己をむしばむかを示している。デイリは，それがどのように女性を麻痺させ，女性がどのように自分の内的な自覚に逆らって防衛するかを示している。ところが，この自覚があればこそ，女性はこの内なる敵の束縛から自由になることができるのである。この「所有されているという状態から離れ（dis-possess）」たいという欲求のことを語るにあたって，デイリは以下のように述べる。「侵入に抵抗する力は，もとから自分のなかにあるにもかかわらず，それに逆らって病的に同じ振る舞いを繰り返す（re-acting）女性は，自分のなかに侵入する者，自分を所有する者の側につく。彼女の偽りの自己は，彼女の好物を与えて誘惑するポゼッサー，すなわち所有者（Possessor）と混ざりあう」。デイリは，多くのフェミニストが「形而上学的」で「抽象的」な問題解決法と考えているものを提案しているが，それは多くの「霊的（spiritual）フェミニスト」が評価しているものである。すなわち，「このようなわけで，わたしたちはこの女性のマインド・ポリューション（mind-pollution）すなわち心の汚染とその癒し，つまり（真の）自己の受容（Self-acceptance）を問題にしなければならないのである」。

　いままで見てきたように，女性の中にいるセルフ・ヘイターは内なる声や内なる形姿として働いている可能性がある。それはまた，女性の夢にも現れ，しばしば現実の男性，ときには女性に投影される。そして，女性が自分のなかにすでに作ってしまっている無価値感を強めるように働く。自分の抱いているイメージにぴったりと合う人物が，内なる形姿のささやきを確かなものにするのである。しかし，もし女性が内なるイメージと対話したり，親しくなったり，ときにはそれを悪魔祓いすることでそれを変えるなら，その人物の行動も変わるかもしれない。また女性が，自分に影響を及ぼすその人物の力に挑戦すれば，内なる形姿が変わることもあるかもしれない。夢やイメージに対するユングの

取り組み方は，この問題に対するてがかりを女性に与え，「内的」現実と「外的」現実がもつれあい，強めあい，捏造しあいさえしていることを説得力豊かに証明してくれる。この「内的」現実と「外的」現実がどのように絡みあっているかを理解するには，例として，子ども時代の近親姦が，大人になった女性の心に，ある種の男性観をどのように作り上げるかを考えるとよい。小さな子どもは，自分自身や「現実」の本質について両親から与えられるメッセージを内面化させる。小さな子どもには，他にどうしようもないのである。もしも子ども時代に，苦痛に満ちた，秘密の，「汚れた」ことが起これば，子どもはそれを自分のせいにするか，自分を悪いと思いこむ。子どもにとって，両親は全知全能に見えるので，子どもは自分がこのようなひどい仕打ちをうけるにあたいするだけの人間だと思い込む。近親姦が，非常に早い時期に起こると，少女は，防衛のためにその記憶を封じるか，解離させがちになる。それにもかかわらず，父親による娘への近親姦の場合，子どもは，父親が自分を犯し，母親がそれを容認したということを心のどこかのレベルで知っている。大人になっても残るこの体験の多くの影響の一つが，心の内部で自分を責める声である。それは，このような非常に早い時期に，子どもを混乱させる両親の残酷さに服従させられた結果である。この内なる声がさらに女性に注ぎこむ自己嫌悪のために，男性との，それにおそらくは女性との場合もそうであろうが，健全な関係だけでなく，他の領域での自己実現も実質的にさまたげられる。

一部のユング派が懸念していることだが，フェミニズムの立場からの解釈は，内面化された抑圧の原因をまわりの文脈に位置づけることで，女性をいつまでも犠牲者扱いしつづけるのではない。また，これらのフェミニズムからの議論が，この種の悪を，父権制がこれまでそれを女性に投影してきたのとはちょうど逆向きに説明するというような，非現実的で稚拙なものだというわけでもない。父権制を非難することと，女性の人生に対する父権制の影響を明確にすることとは，別々のことである。もろもろの心理的特徴を生み出している要因を正確に観察することは，彼女らにとって適切なセラピーとはどのようなものであるかを明確にする第一歩なのである。

象徴の持つ力

　象徴とイメージの数々は，言葉以前，理屈以前で働いており，ときには社会が最も合理的なものとしてみなしているものも含めて，わたしたちの生活の手段である思考体系に現れてくる。イメージと象徴は，前言語的で，前合理的で，しばしば認知されないため，巨大な力を持っている。フェミニスト神学者のネル・モートンがそれについて以下のように述べている。「イメージには，生活スタイル，価値観，自己イメージ，教会や政治の構造を形づくる力がある。ちょうど，概念的思考ができる年齢よりずっと前に，サブリミナル（意識下の）イメージがあまりに多くの劣った黒人の子どもとすぐれた白人の子どもを作り上げてしまうように」[21]。女性の内面化された抑圧はこの種のイメージの力を持っている。それは，合理性や思考が到達できるよりずっと深いものである。そのため，合理的思考（もしくは単なる洞察さえそうだが）には，それを沈黙させるほどの力がない。女性にあっては，抑圧がすっかり内面化されてしまったときには，それはすでに堅い信念のようなものになっている。

　ユング心理学は主として，イメージとその力に関心を払う。同様に，多くのフェミニスト神学者もイメージの持つ力を考察してきた。両者の分析は主に次の点で異なっている。すなわち，フェミニスト神学者が象徴の政治的次元を自覚しているのに対して，ユング心理学が非政治的性格を持っているということである。そして，この無自覚が現状を強めるように機能している。キャロル・クライストは宗教的象徴の持つ力について論じるなかで，この問題を簡潔に表現している。「象徴には心理的効果と政治的効果の両方がある。なぜなら，象徴は，その象徴体系に対応する社会的，政治的制度を心地よく感じるように，あるいは，それらを受け入れるようにと人々を導く内的条件（根深い態度と感情）を作り出すからである」[22]。ユング心理学は，象徴についての強力で重要な理解と，象徴と取り組む方法を提供するが，いくつかの点で，ユング心理学自身が，政治的，社会的文脈をともなった一つの象徴システムであり，したがって，その母胎であるジェンダーに基礎をおいた社会秩序を支えているのである。

現在，フェミニズムの理論家たちとユングとの間の葛藤／対話はどのようになっているのであろうか。これは，ユングの概念を検討したあとでは，より明確になるであろうが，葛藤しあっている各体系の説明上の要素をここで簡単に振り返ってみることが重要である。象徴の源に対するユングの理解は，集合的無意識であり，彼はそれが普遍的だと仮定している。多くのフェミニストは，象徴の持つ力を理解するにあたって，集合的無意識というユングの理論に依拠する一方で，それが普遍的なものだというユングの主張は拒否する。広く流布している象徴体系（そこからユングは集合的無意識理論を導きだしたのだが）の男性中心主義的な性格のため，フェミニストは，額面どおりにはそれらに全面的に賛同したり，それらに対する責任を背負いこむことを敬遠する。だからこそ，女性の意識を実際に反映する世界観の歴史的痕跡を見出したいとの願いから，多くのフェミニストは，前父権的な象徴体系や父権制以前の時代における女神を探究してきたのである。

　イメージがその種の力をふるうのは，その性格が前言語的，非合理的なためだけではなく，しばしば宗教と結びついているためでもある。宗教的な象徴は，わたしたちに多くのことを伝えるが，それには社会的秩序だけでなくある種の宇宙的秩序も含まれている。世俗的な社会制度と異なり，宗教は社会的行動のための規則を神的なるものに基づかせる。すなわち，宗教はその規則を，まるでそれが神によって人間に与えられたものであるかのように提示するのである（わたしたちに馴染み深い伝統的宗教では，その神が God **himself** であって，God herself でも God itself でもないという事実は，神の権威と男性の権威がどれほど複雑に結びついているかを示している）。神が規則を与えるという事実のために，規則に背くことは特に難しくなる。宗教は，聖なるものを想起させながら社会の慣習と規則の背後に存在するのだ。生活上の規則は象徴体系がまさにそうであるように**啓示されたもの**として提示され，そのために，批判してはならないものになる。生活上の規則であれ，象徴体系であれ，どちらに手を加えようとしても，「異教徒的」だとか「異端」だとか「邪悪」だとかとみなされる。これは，とりわけ権威主義的宗教について言える。そこでは不従順に対して大きな代償が求められるのである。

また，宗教は意味を与えることもする。それに従って生活するものは，単に神聖な象徴的宇宙の内部でのみならず，人間の共同体の内部でも場所を与えられるのである。先に見たように，共同体に所属することは人間存在にとって根本的である。それゆえ，宗教は，社会秩序を宇宙的に基礎づけ，意味を与える共同体を提供することにより，非常に重要な人間の欲求をかなえてきた。共同体は，自分たちが一緒に歩んでいる道への個々の信者のコミットメントを深め，同時に，その特定の伝統の宗教的イメージに対する信頼を強めるのである。

　伝統的宗教によって啓示されてきた行動の規則には，親族構造，男女関係の規則，婚姻の形態，母系制か父系制かなどが含まれる。西洋の社会慣習を形づくってきた宗教的伝統においては，女性，男性の適切な行動に関してある種の態度が現れてきた。二流市民としての女性の従属的な身分が，これらの伝統においては固有で不変のものかどうかということは，フェミニスト神学者が取り組んでいるいくつかの問題の一つである。社会の規則が宗教（すなわち，畏怖すべきもの，聖なるもの，ヌーメン的なるもの）（訳注2）と織り合わされていることを考えれば，男性の役割と女性の役割が，どれほど深く堅固に守られているかが理解できよう。ピーター・バーガーが述べるように，宗教は特に正当化のための有力な道具である。「なぜなら，宗教は，実際に体験される社会が暫定的に現実として構成したものを究極的現実に関係づけるからである[24]」。

　フェミニスト神学者は，社会における男性の権力と権威が，神的なるものを表す男性的な象徴と言語によって，どのように正当化されるかを明らかにしてきた[25]。男性的象徴を使い続けることによって，女性の権威や力に対してわたしたちの社会が抱く恐れがやすやすと覆い隠される。男性的なるものに神的な力を付与することで，女性の心に内面化された抑圧は強まり，それに神聖な特徴が与えられる。神的なるものを表す男性的象徴に手を付けないまま生きているかぎり，わたしたちは，神的なるものを表す女性的象徴が引き起こしがちな当惑を避けるようになる。もしも，わたしたちの宗教的な言語を女性の言語に代え，その変化が引き出すアンビバレントな感情をすべて十分に体験することができれば，女性の十分な権力と権威一般に対して，なぜわたしたちが複雑な気持ちを覚えるかを理解できるようになるであろう。わたしたちは，この社会に

おいて女性的権威の象徴が欠乏していることによって，自分の感情がどれほど条件づけられてきたかを理解しはじめるであろう。もしある人が宗教的であれば（あるいは，たとえ意識的にはそうではなくても），その人の世界は，宗教的象徴によって形づくられてきたのである。キャロル・クライストが指摘するように，子ども時代の宗教的伝統をもはや信じない人でも，危機的状況では古い象徴に回帰する傾向がある。

　宗教の正当化機能について上に述べたことは，二重の意味で重要である。まず第一に，もし，わたしが思うように，ユング心理学がそれ自体，一つの宗教であるならば，すべての宗教がもつ機能の多くを果たしているであろう。特に，その信奉者の生に意味を与え，一定の種類の行動規律を定め，信奉者を一つの神聖で宇宙的な準拠枠の内部に位置づけるという点でそうである。「女性的なるもの」と「男性的なるもの」を強調するその象徴体系は，人生で求められる秩序機能を提供しているものとして見ることができる。多くの宗教と同様に，その象徴の取り合わせは，社会の現状に対する脅威とはならない。ただし，逆説的にいえば，ユング心理学は伝統的キリスト教に対する脅威になっているのだが，これはまったく別の問題であり，この本では，ほんの少ししか触れない。第二に，女性の取り組んでいる課題がいかに困難であるかをわかってもらうために，「女性的なるもの」の象徴と「男性的なるもの」の象徴が，どのように心の深層で働くかを示したい。人生において宗教が中心的重要性を持っているということを見失わずにだが，男性中心主義的な宗教の誤った主張を超えて理解することは，女性の魂を育てる霊的な道を見出すこととならんで，今日の最も挑戦的な課題の一つである。実際，多くの人々（そしてそれには多くの女性が混じっているのだが）は，ユング心理学を自分たちの失った霊性の再生とみなしている。まさにこの理由から，心の深層におけるユングの象徴システムを探求するにあたって，わたしたちはそれを二つのレベルで扱うことになろう。一つのレベルは，どのようにもろもろの象徴が心の中から現れ，心の中で機能するかを暴露する仕掛けとして。もう一つの，より深いレベルでは，象徴体系自体としてであり，その場合，そのような体系が支えている社会秩序を正当化する危険をともなっている。わたしたちはとりわけ，無意識的な男性中心主義を意

識化することに的をしぼるつもりである。

第 3 章

ユングの人格と思想を形成した
三つの人間関係と
ユングの心のモデル

　ユングの著書は膨大であり，しばしば何を言っているのか，わかりにくい。そのため，ユング心理学に対する通俗的な誤解が多いことは驚くにあたらない。ユングの追随者たちによる彼の著作を解説したものは無数にあり，彼らは宗教の信者が聖典を解釈をするときと同じ献身的な態度でその仕事にあたる。完全に中立的なものは一つもない。それらはしばしばユング派の立場を弁解するものである。以下の三つの章にわたってわたしが提示するユングの考えに対する解釈も完全な中立性を主張するものではありえない。だが，それでもやはり，わたしたちがある共通理解を持って進んでゆけるように，わたしはユング心理学の公平な紹介を心がけるつもりだ。すでに馴染み深いかもしれないものをなぞることでわたしは，ユングの諸概念の社会的，家族的文脈，すなわち背景を提供することも目指している。このように，ある思想をその文脈のもとに置くという文脈化（contextualization）の作業はフェミニズムからの批判が起こるための基礎となろう。

　ユングの思想を文脈化することは，とりわけフェミニズムらしい行為である。これはまた偶像破壊の行為でもある。ユングは一つの偶像になってしまってお

り，フェミニストたちは偶像を破壊する者なのだ。人々がユングのイメージを，たしかに彼の追随者たちが想像しているように，まるで預言者，グールー，悟りに達した人，もしくは救世主ぐらいにまで膨らませてしまっているときに，文脈化は偶像破壊となる。なぜなら，それは霊的指導者を時空間内に据え，人間関係，希望，夢，社会的・宗教的背景という人間の歴史の中にきちんと据えるからである。もしもこれらの要因のすべてが，霊的指導者のビジョンのうえに大きな影響力をもっているとみなされるなら，それによってその思想をより批判的に見ることができるようになる。非神秘化の行為であるとともに非神話化の行為でもある文脈化によって指導者の偶像化は打撃を受ける。それゆえ文脈化によって追随者は解放されるかもしれない。指導者から全知というイメージの投影を撤回することによって，追随者には，より自分らしくなる道が開けるのだ。まさにこの精神からこそ，わたしは，ここでユングの背景のいくつかの側面を追求するのである。

　ユング自身，自伝の中で，自分の心理学の一つの「文脈」を提示している。しかし，彼が重きを置いた点は，通常の文脈的アプローチとは実質上正反対である。ユングが彼の生涯について語る場合，無意識の中にある元型的イメージの数々（神話的なイメージとテーマ）から自分の人生体験が説明されており，その反対，つまり，彼の人生体験から元型的イメージが説明されているのではない。ユングは，時に，事実上プラトン的伝統に立つ観念論者であった。もっとも，もっぱらこれらの面からだけでユングを理解することは，ユングを非常に不当に扱うことになるであろうが。(1)わたしの関心の焦点は，ユング自身のものとは異なっている。ある種の人間関係が彼の理論の発展にどのように影響しているかを見ようと思っているからである。ユングは自伝の初めの文章で次のように述べている。

　　わたしの人生は，無意識的なものの自己実現の物語である。無意識のなかにあるものはみな，外に向かって現われることを求めており，人格もその無意識状態から発展して，全体として体験されることを求めている。・・・自分の内的なヴィジョンからすればわたしたちが何者であるのか，そして，永遠の相の下(訳注1)

（sub specie aeternitatis）では人がどのように現れるかは，神話を通じてしか表現できない。
(2)

　ユングは無意識を強調し，そのために社会的要因がはるか彼方の背景に追いやられるのだが，ユングとユング思想の歴史においてはユングを彼の社会的文脈で見るための時期が到来しているように見える。ユンギアンの第二世代は，第一世代よりもユングからもっと感情的な距離をおけるようになってきている。これらのユンギアンは，ユングの思想から退いて，それらを批判し，多様な方向に展開させても「背信者」と思われずにいられるのである。臨床家よりむしろ研究者たちによって，ユングの思想の背景を提供するもっとも適切な努力が払われてきた。それらの中でも特に重要なのは，ジェイムズ・ハイジックの『イマーゴ・デイ（*Imago Dei*）』[邦訳『ユングの宗教心理学――神の像をめぐって』纓纈康兵・渡辺学訳，春秋社，1985年]（訳注2）とピーター・ホーマンズの『文脈におけるユング（*Jung in Context*）』[邦訳『ユングと脱近代――心理学人間の誕生』村本詔司訳，人文書院，1986年]である。ハイジックは，神のイメージについてのユングの見解が時間を追ってどのように発展したかという，大いに関心を払われるべき問題に取り組んでいる。一方ホーマンズは，ユング心理学を産みだした社会的基盤を詳細に検討している。ハイジックとホーマンズは，ともにユングに関するバランスのとれた学識の望ましいモデルを提供している。2人ともユングを文脈において研究しているが，どちらもユングへの攻撃を意図してそうしているのではない。この点で，ユングの生涯の重要な事件を分析心理学の信条と結びつけようとするこれまでの企てとは異なっている。こうした攻撃は主として，ユングの面目を傷つけたがっているユングのより過酷な批判者によって行なわれてきたものである。
(4)

　ユングに関する著作の歴史は，実際始末に負えない。ユングは，強い肯定の反応か，もしくは極度に否定的な反応を引きだす傾向を持ってきた。このように反応が両極に分かれるために，ユングの中の何がそのような反応を招くのか不思議に思われてくる。ユングを愛する人々は，そしてその愛は明らかであるが，彼をほとんど崇拝しているといってよい。彼の心理学は，彼らのもっとも

深く，他の人と共有できない恐れと自分についての混乱という彼ら自身の体験のレベルで彼らに出会っている。ユングの世界観は，もつれた人間関係をどのように理解し，この世界のカオスをどのように癒すのかという，その道を彼らに提供してくれる。ユング心理学は霊的飢餓に訴えかけるものなのだ。一方，「ユング嫌いの人々」はわたしには，なおさらわからない。彼らの嫌悪は，「ユング好きの人々」に希望を与えるまさにそのものに何かしら関係しているのであろう。反ユング派は「ユングこそグールー」という現象に，許しがたい理想化と過大な自惚れを感じとるのかもしれない。彼らはユングが本能的生を霊化していることに対して，腹立たしい思いをしているのかもしれない。要するに，彼らは，ユングの思想の宗教的次元にいらいらさせられており，よりタフな精神で科学的だというふうに自分たちには思われているある種の世界観にのめりこんでいるのではなかろうか。確かに，ユングの教説に霊的なところがあるということは，フロイトがユングを追い出したことの，唯一ではないにしても，主な理由の一つである。たぶん，ユングに対する反応が両極に分かれているために，ユングとフロイトが互いに訣別する原因となったイデオロギー的かつ個人的な緊張が続いているのであろう。[5]

　ホーマンズは，ユングの業績は，三つの主要なテーマを具体化したものであると主張する。その三つの主要なテーマとは，フロイトの精神分析に対する反応，近代に対する反応，そして伝統的キリスト教に対する反応である。[6] わたし自身は，ユングの発達にとって中心的な三つの対人関係，すなわち彼の母親，父親，そしてフロイトとの関係に焦点をしぼりたい。対人関係からユングの人生の詳細を検討してゆくにつれて，わたしたちは再び葛藤に眼を向けることになるだろう。この葛藤は，これら3人の，とりわけ2人の男性との関係において体験されてきて，最終的には彼の心のモデルへと結実したものである。これらの関係を見ると，それらとユング心理学のパラダイムの核心にある葛藤解決の弁証法との結びつきを導きだすことは難しくない。この弁証法は二元論的であり，かつ非二元論的である。実際，ユング自身，二元論と，二元論の超越の間にあってためらっているようなところがあり，そのためらいはけっして解決されることがないのである。ユング心理学の独特の宗教的性格は，これらの人

間関係のどれとも密接に繋がっている。しかし，たぶん精神力動の点ではフロイトとの関係が最も密接に繋がっているであろう。そこでは転移と逆転移が生じたのだが，解決されないままに苦痛だけが残ったのである。

　ホーマンズとハイジックが行なった努力と同様に，文脈に対するわたしの見方もユングの価値を落としめようとするものではない。わたしたちはこれからユングの中心的諸概念，すなわちアニマ，アニムス，そして女性的なるものを扱おうとするのだが，わたしが挑戦しようとしているのは，文脈を無視した普遍的な読み方である。ユングの人格と思想の形成を最も促進した三つの人間関係を注意深く見つめることで，わたしたちはユングが後に作った心のモデルに，世の中についての彼の体験がどのように反映されているかを見きわめることができるであろう。特に，これらの人間関係の感情の調子（tone）と，それらの人間関係がユングとその理論に及ぼした影響を見てゆきたい。なぜなら，そうであると認められているにせよ，認められていないにせよ，理論は実際体験を反映するものだからである。「普遍的なもの」は常に，少なくとも部分的には，個人自身の世界観を述べたものであり，この世界観は，世界に投影されながら個人の体験によって形づくられてきたものなのである。[7]

ユングの二つの人格

　ユングはその人生の早期に，彼が自伝の中で第1人格と，第2人格と呼んだ自らの人格の二つの側面の間で，自分が「分裂」していると感じていた。ユングの母親も同様に，「昼の人格」と「夜の人格」に分裂していた。「昼の人格」は安心させてくれ，母性的で，心地よい「動物的な暖かさ」に満ちていた。一方「夜の人格」は，幽霊や霊といった事柄を不気味に予見するように見えた。ユングが母親の第2の人格を恐れるとともにそれに魅了されていたことは，彼の以下の言葉から明らかである。「昼間，彼女は愛情深い母親であったが，夜には不気味に見えた。そのため母親は，預言者でかつ不思議な動物のように思われた。熊の洞穴に棲む巫女のようだったのである。彼女は原始的で冷酷であった。冷酷というのは，彼女が真理と自然を表していたからである。このよう

な瞬間，母親は，わたしが〈自然の心〉と呼んできたものの化身であった」。

ユングは，全生涯を通じて超自然的な現象に魅せられていた。この領域に関する彼の最も早い体験の一つ，ポルターガイストの体験は，父親の死後2年目に母親の目の前で起こった。この体験（古い胡桃のテーブルが，大したわけもなく音をたてて中央で割れたこと）が心をかきみだす性質のものであったことは別として，ユングの第2人格と母親の第2人格が相互作用しあったことは，彼が後に「合理的なるもの（the rational）」と「不合理的なるもの（the irrational）」（「非合理的なるもの〔the nonrational〕」ともよばれた）と呼んだものの分裂の前兆となった。この体験において，2人の「不合理」な側面が交わりあっていた。この種のコミュニケーションは，ユングと父親の間では一度も起こらなかったのであるから，ユングの心の中で「不合理なるもの」と彼の母親の間に感情的結びつきができていることがうかがえる。「〈確かに好奇心をそそる偶然の出来事がある〉とわたしは思った。母親はそっとうなずいた。〈そうよ。そうよ〉と母親は第2人格の声で〈それには何か意味があるのよ〉と答えた」。

2週間後，似たような出来事がもう一度起こった。このときユングは不在で，古いパン切りナイフの刃が，またしてもこれといったわけもないのに，大きな音をたてていくつかに割れてしまった。ユングは次のように述べる。「母の第2人格が意味ありげにわたしを見つめた。しかし，わたしは何も言えなかった。わたしはまったく途方に暮れ，何が起こったのか説明することができなかった。わたし自身深く感銘を受けていることを認めないわけにはゆかなかったので，それだけにますますいらいらしてしまった」。

ユングにとって，アニマと女性的なるものの最初の体験は，これは男性にとって一般的なことであるが，母親とのものであった。妻のエンマ，そして愛人であり後の共同研究者トーニ・ヴォルフがともに，その後の彼の人間的成長においても，アニマと女性的なるものについての彼の理解においても，中心的な人物となった。強いプライバシー感覚を持っていたユングは，自伝の中で妻について多くを語ること，いわんやトーニ・ヴォルフについて触れることを避けている。そのため，これら二つの関係に関する詳細な情報はない。この情報があれば，ユング自身のアニマをより明確に理解することの助けになるのだが…。

ユングの生涯からわかるのは、この二つの強烈な人間関係の中で、ユングが苦痛に満ちた分裂を生きぬいただけでなく、それを越えて癒しに到達しようとしたということである。ユングは、何年にもわたって二人の女性の間で容易ならざるバランスを持ちこたえ、そして晩年には、トーニ・ヴォルフを家族の一員にしようとしたのである。ユンギアンの言い方に従えば、ユングは「分裂したアニマ（彼自身の心の中で働いている女性的なるものの分裂したイメージ）」を持っており、それが二人の女性の間で引き裂かれた忠誠心として表現された。そのうちの一人の女性、妻のエンマはユングにとって「母性的に包み込むもの（motherly container）」を表し、もう一人の女性はむしろ「魂の伴侶（soul mate）」を表した。ユングのイメージと体験に見られる妻／母と性的伴侶との間の分裂は、西洋男性の人生では珍しくない両極性を表現している。これは、ユングの生涯に存在しつづけ、彼の理論に表現された二重性に関する多くの体験の一つであった。これはユング自身の書いた理論についてだけ言えるのではない。たとえば、トーニ・ヴォルフによる女性的なるものの元型の図式は、彼女がユングとの間で体験したことに関係していると推測してもおそらく間違いではなかろう。その図式によれば「ヘタイラ（男性の性的パートナー、恋人、魂の姉妹）」と「母親」は互いに相反しているというのである。

近年、ユングのもう一つの重要なアニマ関係が脚光を浴びてきている。それは、ユングが早期に出会ったある患者との関係で、彼女は、きわめて創造的で、魅惑的で、そして深い問題を抱えたザビーナ・シュピールラインという名の若い女性である。この第3の女性関係を理解することにより、他の二つの女性関係と同様に、ユングのアニマに光が当たるであろう。それによって、わたしたちはユングがアニマと女性的なるものの理論に投影している要素をもっとはっきりと見ることができるであろう。残念なことに、父権的な歴史ではよくあることだが、この話に関する彼女たちの側の事情はほとんどわかっていない。ただ、推測するのみである。これらの関係の強烈さからいって、ユングが生涯にわたって、女性的なるものと現実の女性たちに巻き込まれ、それら両方を理解し、究極的にはそれらと和解しようともがいていたことがわかる。

ユングが彼の母親から直接受け継いだと感じている彼の人格の二つの側面は、

広範囲にわたって枝分かれしていた。ちょうど彼の母親の二面性のように，ユング自身も「昼の側面」と「闇の側面」の間で分裂していた。第1人格は，明るいもので，ユングが「外界」と呼んでいるものの中にすむ側面である。第1人格は陽気で誇り高く，野心的でもろもろの事実に魅惑された。第2人格，すなわち母親のそれと同様な「闇の側面」は，物事を「心得て」おり，意味に飢え，それが世界との関係性を欠くために，自分のより慣習的な側面を困惑させた。ユングは第2人格に対して困惑していたにもかかわらず，第2人格の方が第1人格よりも本当のように感じられることがあった。ユングはゲーテの『ファウスト』とニーチェの『ツァラトゥストラ』を糧として第2人格を養った。第1人格は今ここ（here and now）の実際的な考慮に根ざしていた。ユングは，第1人格と第2人格がどのように相互作用しあっているかを見事に描いており，あるところでは，自分の第2人格が第1人格のことを「恩知らずの道徳屋」[13]とみなしていると述べている。

　ユングが成長してゆくにつれて，彼の二つの側面の葛藤は激しくなり，ついには，職業選択の悩みでそれが頂点に達した。神学者である母方の伯父は，ユングに神学を勉強することを勧めたが，そのような考えを彼は即座に拒否した。職業をめぐるユングの複雑な気持ちと葛藤の原因は，他のところにあった（それにもかかわらず，神学の問題が生涯にわたって彼の心を煩わせたことは注目するに値する）。第1人格の好みと第2人格の好みが非常に異なっていることから来る緊張は，耐えられないほどに高まり，ついには，それは一つの夢によって，照らし出され，解決された[14]。この夢によって，ユングは，自分の任務が，第1人格の導くままに任せることによって，その「光を護る」ことであると悟ったのである。「第1人格の役割において，わたしは前進しなければならなかったが，それは，研究，生活の糧を得ること，責任，人生のごたごた，混乱，過ち，服従，挫折への道だった」[15]。ユングは職業として，医学を選択した。第2人格は，しばらくの間，地下に潜行した。しかしながら，これでもって問題に片がついたというわけではない。葛藤の完全な解決は，彼が精神医学を選んだ時にのみ訪れるであろう。

ここではじめてわたしの関心の二つの流れは，合流して一つの流れとなってその河床を掘ることができるようになった。ここにこそ，生物学的な事実と霊的な事実に共通の経験的領域が存在し，それをわたしはこれまで至る所に求めていながらどこにも見出せずにきたのである。ここにようやく物質と精神の衝突が一つの現実となる場所が見いだされたのである。[16]

ユングが真実のものと感じたこの解決，というのもそれが心の二つの部分をともに包み込んだからであるが，それはユングが本物だと請け負うたぐいの葛藤解決とはどのようなものであったかを例示する。彼は，もし人々が葛藤のどちらの面にも正直であるならば，どちらの面をも犠牲にしない真の解決が現われるだろうと感じるようになった。真に新しいものは，ユングが後に「超越機能（transcendent function）」と呼んだものの働きを通して生まれ得るというのである。このようにユングは，驚くべきことに職業として精神医学を選ぶことによって自分の二つの側面を解決した（驚くべきというのは，精神医学が学界では低く評価されていたからである）。ここからまた，ユングがその後いかにユニークな仕方で精神医学について考え，それを実践することになるかということも予想される。ユングが見たところでは，精神医学においては，自然（自然界，「物質」，そして実践者の人間性）と精神（心，イメージ，想念）のような反対物が一緒になっている。ユングが「客観性」と「主観性」と呼んだものも同様である。経験的事実の客観性が精神科医の個性という主観的要素に結びついているのである。ユングは後に，治療者は癒しのプロセスにおいて患者に全面的に関わらねばならないと信じるようになった。「自分に特有の先入観と自分の全存在でもって，治療者は自分の体験の客観性の背後に立ち，自分の全人格をかけて〈人格の病〉に応じる」と書いている。[17]効果的であるためには，このスタンスは多大な自己理解と自己抑制を必要とする。しかし，自己理解の必要とともに，マルティン・ブーバーが「間的なるもの（the between）」（訳注3）という言葉で不滅にしたものをも思わせる。ユングが実践し，そしていまも実践されているようなユング心理学では，癒しの関係は，科学的知識という「客観的要因」（訳注4）から与えられるこの相互主観性（訳注5）でできているのである。

ユングの自己分裂の体験は，特に「あの世的」人格と「この世的」人格という形をとる場合はそうだが，彼の後年の元型，および人間に対する元型の関係の理論の前触れとなっている。まるで，第2人格が元型的な人格であり，心の発達を「監督」し，第2人格と同じぐらいに重要であるが，より味気ない第1人格の生と「衝突」するかのようである。ユングの見解によれば，分裂の体験は異常ではない。のちに彼は，意識と無意識の間の分裂が，どのような正常な人格にももともと含まれていると考えた。分裂（split）へのユングのアプローチで独特なことは，彼がその両側面に綿密な注意を払ったことである。自伝で明らかなように，ユングは彼の時代，あるいはわたしたちの時代に支配的な時代精神に屈服しなかった。その時代精神とは，葛藤の「不合理な」側面を無視する，もしくは無視しようとすることを意味するのであるが。ユングは彼が「不合理」と呼ぶものを非常に高く評価するようになった。彼はそれが合理的なものを補償するとみなした。というのは，合理的なものが，西洋社会では危険なまでに重要視されていると思われたからである。ユングの体験のこの小さな断片から現れてくるのは，心は潜在的にはバランスがとれ，全体的なものだという考え方である。これは目的論的な見方であり，自然自体にアンバランスをただす力があることを信頼するというオプティミスティックなものである。ユングの理論のなかで一番知られているのが，この心のモデルである。

　ユングは母親から二つの性質を受け継いだと感じていた反面，スイスのプロテスタントの牧師である父親からは，より陰鬱でより問題の多い遺産が受け継がれた。ユングは不気味なところがある母親よりも父親の方が信頼できると感じていたものの，次第に父親が無力で，知的な面でも霊的な面でも封じこめられているとみるようになっていった。ユングの父親は宗教に関わっており，ユング自身，意味の発見に強い関心を抱いていたので，彼は宗教的な説明を父親に求めた。しかし，ユングにとって不幸なことに，父親は，当たり障りのない教義の境界をけっして越えなかった。ユングにしてみれば，教義は不毛で，いらいらさせられることであった。ユングと父親の関係における三つの出来事が，彼の後年の宗教観に特別な影響を及ぼしたものとしてあげられる。

　最初のものは，有名な「大聖堂空想」であり，それはユングが，バーゼルの

ギムナジウムに通っていた11歳のときに起こった。この空想はある天気のいい日の正午，学校からの帰り道で大聖堂広場に向かっているときにユングを襲った。

> 新しい，きらきらした光沢のあるタイルから陽光がきらめいて，大聖堂の屋根が光り輝いていた。わたしはこの光景の美しさに圧倒され，思った。「世界は美しい，教会は壮麗だ。神がこのすべてを作られた。そして今，その上のはるか彼方の青空の中，黄金の玉座に座しておられる。そして…」。ここで，わたしの考えに大きな穴が開き，窒息するような感覚が起こった。しびれるような感じがしてきて，次のことだけがわかっていた。「いま，考えを続けてはいけない！　何か恐ろしいことが起ころうとしているぞ，僕が考えたくない何か，近づくことさえあえてしない何かだ。でもなぜなんだろう？　それは，かりにそんなことでもしようものなら，最も恐ろしい罪を犯すことになるからだ…。その先を考えさえしなければいいんだ」。言うは易く，行うは難しであった。[19]

ユングは自分の考えを監視しつづける一方で，2晩にわたって眠りが妨げられた。ユングは心の中で，悪から身を守っていた。というのも，彼は，もしも，心に潜んでいる考えを言葉にしようものなら，永遠に破滅するのではないかと恐れていたからだ。両親のことを思って，ユングはあえてこのような恐ろしい結果をもたらす危険を冒そうとはしなかった。3晩目には，苦悩は耐えがたいものになった。「**なぜ**自分にもわかっていないことを僕は考えねばならないのだろう。神様に誓って言うけど，本当に知りたくなんかない。絶対にだ。でも，いったい**誰**が僕に知りたがらせようとしているんだろう。・・・この恐ろしい意志は，いったいどこから来るんだろう」。11歳の早熟な神学的思索に導かれてユングはアダムとエヴァに戻っていった。二人は，と彼は推論した，神様がお作りになったというのに，罪を犯した。ユングは次のような結論に達した。「だから，アダムとエヴァは罪を犯すべきだというのが神様の思し召しなのだ」。とうとうユングは次のように考えることにした。神様がアブラハムに，息子のイサクを犠牲にするように，と求めることで彼を試したのと同じやり方で，神様が自分を試みておられるのだ，と。

「明らかに，神様は僕が勇気を示すことも望んでおられるのだ」とわたしは考えた。「もし，実際そうで，僕が徹底的に勇気を示すなら，神様は恵みと光をくださるのだろう」。まるで今まさに地獄の業火に飛び込もうとしているかのように，わたしはありったけの自分の勇気を搔き集め，自分の考えが浮かぶのに任せた。わたしの眼前には聖堂と紺碧の空があった。神はこの世界の上高くにある黄金の玉座に座っておられる。すると，玉座の下から巨大な糞の固まりが，輝く聖堂の真新しい屋根の上に落下し，それを粉砕し，聖堂の四方の壁を真っ二つに打ち割る。

そういうことだったのか。わたしは途方も無く，言い表わしようのないほどにほっとした。恐れていた破滅のかわりに，恵みがわたしに訪れ，それとともにかつて味わったことのないほどに言語を絶した至福感に包まれた。[20]

この体験は，父親の不毛な教条主義に対して募っていたユングの批判的な気持ちを助長した。それがまた，将来の職業を決定するうえでのジレンマと似ていることにも注目されたい。どちらの場合でも，葛藤の「不合理な」面と「合理的な」面の両方を受け入れているからである。自分のジレンマをどこまでも追求して驚くべき結論に到達し，そして，このような至福を体験したユングは，自分が神の意志に従順であったと感じた。自分の体験をこのうえなく深く問題にし，かつそれを信じることから，豊かな恵みがもたらされたのである。もろもろの形式と制度化された教会に対するユングの父親の服従は，ユングが「信条（creed）」と呼ぶものを代表するようになった。そして信条を彼は「宗教（religion）」と対立させた。「信条」は空疎で無味乾燥で，宗教に代わる処方箋であった。これに対して，宗教はユングにとっては常に体験に根ざしているものであった。自分の父親の宗教に対する否定的印象は，このユング的な分裂を予告するものだが，11歳までに十分にできあがっていた。制度化された宗教と体験のこの二分法は，ユングの後の宗教心理学で欠くことのできないものとなった。[21]

ユングの後の宗教心理学が彼の大聖堂空想と，形式的なものへの父親の無批判的な服従に対する失望から起こったとするのは，あまりに安易かもしれない。しかし，宗教に関する彼の後の著述のたいていの萌芽はこれらの出来事に見出

すことができる。これらの出来事は，神には二重の性質があるという彼の考えとなって実を結ぶ。ユングによれば，神は，わたしたちが普通「善」と考えているものと「悪」として考えているものを併せ持っているというのである。大聖堂空想の前に母親と結びついている出来事が起こっており，それが心は意識を無意識によって補償するという彼の見解に反映されることになる。「補償」ということでユングが言おうとしたのは，心の意識的な部分と無意識的な部分が一緒になって全体が成立しているということである。一方に欠けているものは他方に含まれている。だからこそ，ユンギアンは「無意識の知恵」ということを口にするのである。それは，無意識の観点がなければ，賢明な決定を下し，困難な状況を見定め，そしてなるべくしてなる人間になれないということである。たとえば，大聖堂空想について言えば，抑圧されているのは，ユングの意識的な考えを補償するために最も必要なものであった。ここでユングの心理療法の技法の一つ，すなわち，「能動的想像（active imagination）」(訳注7)として知られている方法が発展しようとしているのもわかる。この技法を用いることで人は，無意識がそのファンタジーを生み出したり，何らかの仕方（描画，箱庭，覚醒夢など）(訳注8)で語りやすくさせるのである。歓迎されない空想の残りが現れてくるのにまかせた時，ユングはまさにそのようなことをしたのである。要するに，無意識によって生み出されるものは意味深いというユングの理解が芽生えつつあるのがわかる。

　二つ目の宿命的な出来事は，父親から個人的に受けていたキリスト教の教理についての授業に関係している。授業は以前からたいてい退屈なものになっていたが，ユングは三位一体の教義には胸を躍らせた。しかし，ユングは心底落胆し，揺らいでいた父親への信頼が大きく損なわれ，ユングの言葉によれば，「運命の一撃」を受けた。父親はこう言ったのである。「さて，三位一体のところに来たんだが，ここは飛ばそう。本当のところ，わたし自身このこととなると皆目わかっていないからね」(訳注9)。後に受けた堅信礼の儀式はまさに災難だった。何も感じなかったからである。自分の体験した大聖堂空想に忠実であろうとしたユングはこう結論した。生き生きと息づいている現実こそ神だが，それは教会には見出せない，と。「〈何てこった，これは宗教なんかじゃない〉とわ

たしは考えた。〈ここには神様がいない。教会などに行ってはだめだ。そこにあるのは生じゃなくて，死なんだ〉」。この体験がきっかけで，ユングと父親のあいだに深淵が開き，その深淵は彼には「はてしない」ように思われた。ユングは全体の出来事を部分的には父親の個人的な悲劇という面から理解した。「一挙にわたしは父親の職業と人生の悲劇を理解した」。父親の苦しみの残りの原因を彼は制度的教会の失敗に求めた。

　あるときユングは父親が祈っているのをふと見かけた。「父は自分の信仰を守ろうとして絶望的にあがいていた。わたしは，身震いすると同時に猛烈に腹が立ってきた。というのも，父は救いがたいほどに教会とその神学的考えの罠にはまっていることがわかったからである」。のちにユングは，父親が「内的な疑念に消耗しきっているために」，考えることから自分を守っているのだと信じるようになった。

　宗教への父親のこだわりはユングを悩ましたことの一つだった。そして父親は相変わらずユングの霊的好奇心を満足させられなかった。こうした事柄のために，ユングの心のなかでいらいらするような連想ができあがったにちがいない。ユングの上の言葉から明らかなように，このいらいらのまさに核心をなしているのは，父親が教義の罠にはまっているということであった。ユングの意見では，教義のために父，パウル・ユングは考えること，疑問を持つこと，そして充分に生きることができなくなっているというのである。ある種の父親に対するユングの欲求はかなえられなかった。そして彼はそのことを深い喪失として感じた。

ユングとフロイト

　はじめてフロイトと出会ったときのユングの興奮を想像してほしい。この2人の男性の関係は非公式には，不評を買っていたフロイトの新しい著作『夢判断』をユングが1900年に購入したことに始まる。3年後，フロイトの著作に対するユングの傾倒が花を咲かせ始めた。フロイトにユングは「コンプレックス」についての自分自身の仕事の裏付けを見た。コンプレックスとは，彼が言

語連想テストによって測定できることを見出した心理的障害である。このテストは一連の言葉からできており，そのあるものは中立的な言葉だが，他のものは，母親，父親，暗闇というように，感情を帯びている。ユングは，患者のなかには，ある言葉となると，普通より連想するのに長い時間がかかる者がいることを発見し，そのような場合，「コンプレックス」が働いていると推論した。フロイトの著作を読んで，ユングは，抑圧のメカニズムがこの遅延反応の原因となっていると確信した。しかしながら，フロイトと知り合った当初から，ユングは，抑圧の内容が常に性的なものであるということに関してはフロイトに同意していなかった。

　1906年，ユングとフロイトは文通を開始した。この関係は，自分にとってフロイトがどんなに大事な存在であるかを謝辞でおおやけにすることで確認された。ユングはこの年に『診断学的連想研究』の編集も完成させた。ユングはその一冊をフロイトに送ったが，実は，フロイトはすでにそれを買い求めていたのである。ユングは，1906年の論文「早発性痴呆の心理学」への序文でこう書いている。「たとえば，かりにわたしが夢とヒステリーのコンプレックス・メカニズムを認めたとしても，だからといって，フロイトがしているように，子ども時代の性的トラウマだけが重要だと言っているのではない」。この序文でユングは，フロイトの重要性を認めると同時に彼自身の観点を維持することでバランスを取ろうとした。このバランスこそ，彼らの関係全体を特徴づけるものであり，いくつかの点でそれが終わる原因になったものである。

　職業上，思想上の理由だけからいっても，彼らの出会いは不吉なものであったが，はじめから強い個人的なダイナミックスも働いていた。ユングの側からすれば，一世代年長のフロイトには，まさにユングの父親に欠けていたもろもろの能力があった。フロイトは厳格な知性の持ち主であり，感情面で正直であった。ユングと同様に，フロイトも難しい問題に対して労を惜しまなかった。ユングは自分の父親が人生の課題に対して無能力になってしまっているのを見ていたので，フロイトと父親パウル・ユングとの対照は歴然としていた。フロイトとユングの感情的緊張は，お互いの手紙の返事に要する時間の違いにただちに表れた。普通，フロイトはただちに返事を出すのに対して，ユングはしば

しば返事を出すのにもっと時間がかかった。たとえば，フロイトはユングからの贈り物を受け取るとただちに礼状を書いたが，ユングがフロイトに返事をしたのは6カ月後であった。フロイトの次の手紙は折り返しすぐに来たが，ユングは返事に16日を要している。このパターンは典型的なものになり，そのことで両人ともあれこれと考えるようになった。フロイトは返事が早すぎることを詫び始めたが，わざと返事を遅らせるように強いるつもりはないと述べている。ユングはというと，返事の遅れたことを弁解し，そのわけをフロイトに対する「未解決の父親コンプレックス」によるものだと説明し始めた。彼らの交際のまさに当初から，最終的には苦渋に満ちた悲劇的な仕方で彼らに絶交させることになる二つの要素が見られる。理論的レベルでは，2人は，神経症の原因は性的なものであるというフロイトの理論に関して意見が一致していないことを正直に認めている。もう一つのレベルでは，彼らはこじれた強い父息子関係でよく起こる精神力動に巻き込まれていた。その関係は，親密さと理解に対する強い憧れが，距離を維持しておきたいという欲求と結びついているという複雑な思いに満ちたものだったのである。『往復書簡』の中でフロイトは権威者を装うことで，距離を維持しているかに見える。最後には，ユングはフロイトの権威にたいする反逆的な挑戦を「行動に表す」。しかし最初は，父息子転移によってもたらされるリビドー的結びつきが2人の関係に熱気を与えた。この結びつきによって2人は，理論的には不一致でも数年間はいっしょにやってゆくことができた。一時はフロイトは，公式にユングを「長男」として養子にさえして，精神分析の世界における「後継ぎの皇太子」として指名した。

　1909年の秋，マサチューセッツ州のクラーク大学はフロイトとユングを講演に招いた。合衆国に向かう船に乗りこむ前，ユングとフロイトは同じくクラーク大学の会議に招かれていたフェレンツィにブレーメンで出会った。出発の前夜，ともに食事をしている間に，ユングはフロイトとフェレンツィに，北ドイツで発掘されたと聞いた泥炭地の死体に関心があることを述べた。ユングにとって興味津々の話題は，フロイトにとっては，きわめて心を動転させるものであった。フロイトは，ユングがこの問題に対して興味があり，食事中にそれを話題にすることを，死んでほしいというユングの自分に対する願望を隠蔽する

ものだと感じた。ユングが自分の死を望んでいるのだと確信したためにフロイトは実際失神した。少なくとも，ユングはこの出来事をそのように解釈した。
2人の関係に対するもう一つの致命的な打撃は船旅の間に起こった。ユングとフロイトは自分たちの夢を語りあい，お互いに分析しあっていた。ある時点でユングは，フロイトの夢をより正確に解釈するために，より個人的な情報をフロイトに求めたところ，フロイトは「きわめて疑い深い様子で応じた。それから，〈しかし，わたしの権威を危険にさらすことはできない！〉と述べた」。ユングはこう続ける。「この瞬間，フロイトは権威をまったく失った」。

『自伝』の中でユングはこの出来事を決定的な転回点として取り上げている。もしもフロイトが相互的な関わりを持つつもりがないのなら，彼との関係を望まないというのである。権威と遺恨を内容とする父息子的雰囲気が，明瞭に存在したのだ。この場合，父親は権威主義者のままでいた。制度化された宗教に対するユングの拒否に見られるような一種の反権威主義，言い換えれば，個々人は何が正しいのかを自分で知ることができるということを大いに尊重することが，ユング心理学の品質証明になったのである。

今や運命的ともいえる告発の第2段階は，1910年2月11日付のユングからフロイトに宛てた手紙となって現れた。フロイトが以前から予言していたことだが，エディプス神話がすでに演じられているように見える。この手紙は，彼らの関係の3番目で，かつ，それを終息させることに役割を果たす要素を導入した。すなわち宗教というテーマである。宗教はフロイトにとってもユングにとっても至上の問題であった。ただし，2人の方向は正反対であった。フロイトにとって宗教は昇華されねばならない中心的な幻影であったのに対して，ユングにとって宗教は人生の中心的事実であった。有名な手紙の中でユングは，宗教のみが宗教に取って代わることができ，宗教の死が作り出しているギャップをおそらく精神分析が埋めることができるのではないかと強調した。

　　宗教は宗教によってしか置き換えることができません。かりそめにせよ，国際倫理文化修道会には新たな救い主がいるでしょうか。生きる手だてとなるどのような種類の新しい神話をこの修道会はわたしたちに与えてくれるというので

しょうか。・・・キリスト教の二千年はそれに等価な何かではじめて置き換えることができるのです。・・・その多くのセンターから人々の心の中に浸透し，知識人に象徴と神話への感情をよみがえらせ，非常に穏やかにキリストを，彼が元々はそうであった葡萄の予言の神に戻すための時間を精神分析に与えねばなりません。そして，このようにして精神分析は，エクスタシーへと人々を誘うキリスト教の本能的な諸力を吸収するのです。その目的はひとえに，このカルトと神聖な神話を，その本来の姿，すなわち，人間が動物のエートスと聖性を取り戻す喜びに酔いしれる祭典にするということです。[30]

この手紙に対するフロイトの返事が冷淡であることは注目に値する。

たしかに，あなたのなかでは嵐が吹き荒れていますね。ですが，わたしには遠くの雷のように聞こえてきます。・・・しかし，わたしを何か宗教の教祖のように見ていただいては困ります。・・・わたしは宗教の代わりになるものを考えておりません。このような要求は昇華されねばならないのです。[31]

1912年，フロイトの再度の失神事件が起こったが，今回も，ユングが自分に死んでほしいと願っているようにフロイトが感じたことがきっかけになっている。ユングは以下のように報告している。

わたしがフロイトを抱き抱えて運んでいるとき，彼は半分意識が戻ってきていたが，わたしを見たときの彼の表情を忘れることはけっしてないであろう。わたしがまるで自分の父親であるかのように，彼は弱々しげにわたしを見たのである。雰囲気はたしかに非常に緊張しており，他のどのような原因でこの失神が起こったにせよ，父親殺しの空想は，両方の場合に共通していた。[32]

わたしは，フロイトとユングの関係の三つの側面，すなわち，神経症における性の役割に関する理論的不一致，宗教に関する相容れない相違，そして特に父と息子のダイナミックスについて長々と述べてきた。それは，ユングの後年の見解，とりわけ宗教上の見解を形成し，固めるうえで重要な役割を果たした

三つの未解決の要素を説明するためである。父息子関係の次元は，ユングの父親が宗教を問えないことに対するユングの失望と何らかのレベルでつながっている。このことは，精神分析が「象徴と神話に対する・・・感情をよみがえらせる」新たな宗教であるとみなしてほしいというフロイトに対するユングの願望に示されている。ユングは，彼の実の父親が残したギャップを「新しい父親」に埋めてもらいたがっていたように思われる。ユングの実の父親は，教義という罠にはまっていた。「もう一人の父親」であるフロイトは自分自身の教義を持っていた。すなわち，それは，科学についての彼なりの理解であり，「不合理なもの」を排除していた。そしてこの「不合理なもの」には，フロイトにとっては宗教が含まれていた。彼の『幻想の未来』は次の有名な言葉で終わっている。「否，わたしたちの科学は幻想ではない。しかし科学では与えられないものを，どこか他で得られるのだと考えるとすれば，幻想ということになろう」。悲劇的といえるが，ユングの第2の父親も彼の実の父親が彼を失望させたのとまったく同じ領域で彼を失望させた。そのために，どちらの父親にもなしえなかったことをするのは彼の手に任されることになった。その仕事とは，あらかじめ何の結果も予想せず，また教義によって体験を避けることもせずに，（ユングにとっては宗教体験の源泉である）無意識の中へ，直接的，体験的に飛び込むことであった。

　1913年1月，フロイトはユングに絶交を申し入れ，ユングはそれを黙って受け入れた。ユングの感じた傷つきと裏切りは，『往復書簡』に明らかである。一方フロイトは軽蔑的に見下ろした態度を続けた。1913年10月，ユングはフロイトが彼の善意，誠実さ，信義を疑っていたことを聞き知った。ユングは，最後の一撃とも言えるこの心を傷つける出来事の文脈を特に具体的には述べてはいないが，結果的に彼は『年報』の編集者の職を辞した。この地位はフロイトが彼に委ねたものだったのだが。この辞職はフロイトと精神分析に対するユングの関係が終わったことを意味する。1915年2月，フロイトは『精神分析運動の歴史』を発表した。その中でフロイトは，アドラーと同様にユングも，精神分析とは少しも似ていない新しい宗教倫理のシステムを作ったと結論づけた。アドラーよりもユングを厳しく扱っており，アドラーの運動の方がまだ意味が

あると結論している。それは次のような理由からである。「基本的には間違っているものの，一貫性があってまとまっている。・・・一方，ユングによる修正は衝動から切り離して現象だけを見ており，さらには，その批判者たち（アブラハム，フェレンチ，ジョーンズ）が指摘してきたように，その運動はあまりにわかりにくく，曖昧で，混乱しているので，それに関してどのような立場をとるのも難しい」。

「フロイトと袂を分かった後，内的な不確かさの時期が始まった。それを方向性喪失状態と呼んでも大げさではなかろう。わたしはまったく宙に浮いている感じだった。というのも，自分自身の足掛かりがまだ見出せてはいなかったからだ」。このような言葉で，ユングは自伝の「無意識との対決」と題された章を書き始めている。ユングはフロイトの拒否をあまりに痛烈に感じたために，患者と家族とだけ接触を保ちながら，世間から引きこもった。自分自身を無意識と十分に関わらせるためである。5年から6年続いたこの時期は，彼が発見し，のちには「内なる形姿」と名付けたものへの集中的な関わりの時期の一つであった。ホーマンズは，この決裂が，宗教的なものを含む過去のすべての葛藤を呼び起こしたと理解している。この葛藤には，ホーマンズが「個人的・神秘的・自己愛的」と呼ぶ体験を生み出すことになる宗教上の葛藤も含まれている。この時期，ユングは，分析家と患者の両方として，自分自身と体験的に取り組んでいる。自分の父親が亡くなってからフロイトが行なったやり方と何かしら似ているが，ユングはこれによって，無意識との対話を推し進めるさまざまな方法を発見し，自分自身についてますます多くのことを学んだのである。中でもピレーモーン（老賢者）とザロメ（若い女性，アニマの形姿）がいちばんよく知られているが，内的形姿とのユングの対話は，ユング自身の定義からいってまさしく「宗教的」なものと呼ぶのが適切であろう。ユングは「宗教」を，「ヌーメン的なるものの注意深い観察」と定義しているからである。ホーマンズによれば，分析心理学の一般的な図式はこの時期の彼の取り組みの中から現れ，そこには，その時期にユングが味わった個人的な宗教体験様態が刻まれている。たしかに一般的な図式はこの時期の彼の体験の中から現れている。しかし，ユングが自分の思想をユニークな仕方で言葉にできたのは，決裂に先立つ

少なくとも10年間，宗教に関していえば，子ども時代以来の彼の人生における出来事があったからである。

心のバランスモデルと葛藤モデル

　ユングの思想の内部で二つの心のモデルが支配しているという見解は，それを裏付けるための証拠があるものの，他のどこかで見たわけではない。バランスのモデルでは，心は，バランスを失ったときに自分を再調整できる一つのホメオスタシス（恒常性保持）的なシステムとして理解されているのだが，このモデルがユングに関して一番よく知られているものである。意識と無意識，合理と不合理から霊（精神）と物質にいたるまで，わたしたちが注目してきたさまざまな二元性は，すべてこのユングの心のモデルで説明される。これまで見てきたように，ユング自身の体験に従うなら，葛藤の解決は，葛藤の両面に対して正直に心を開き，その解決が無意識の中から出現するままにさせるときに起こる。心に関するユングの包括的な性質の見解は，マンダラの絵で理論を提示するユングの習慣と結びついて，このバランスモデルを発展させてきた。それはしばしば，ホーリスティック（全体論的）だとも見られている。

　無意識との対決から心のもう一つのモデルが生まれたが，それはユングの葛藤関係に影響を受けているモデルである。これを「葛藤モデル」と呼びたい。葛藤と解決，それに二元論と非二元論は，心のこの二つのモデルとなって，互いの緊張が解決しないまま相並んでいる[37]。この解釈を裏付ける証拠のいくつかを見てみよう。ユングは，今指摘したもの以外にも多くの対立しあうものを挙げている。たとえば，「内的」体験と「外的」体験の分裂，そして，どの元型的イメージも二つの極，すなわち，「否定的な極」と「肯定的な極」から成っているという事実である。心のなかで対立物が緊張しあうからこそ，心は機能するのである。ユングが述べているように，「人間性の基本的矛盾を認めるということは，心がそれ自身に対して相反する意図を持っているという事実を受け入れるということである[38]」。対立しあうものの間の緊張はさまざまな形をとる。その一つは，影が意識的な人格に対して提示する対立である。ユングの理

屈では，この反対のものがなければ，「なくてはならない緊張に欠けることになろう」(39)。さらにユングは，対立が示唆する総合が必要であり，心は最後には統一する象徴を生み出すとまで言っている。

ユングの心のモデルは，二つのモデルとしてよりはむしろ，葛藤と解決の弁証法としてみることもできる。しかしながら，このモデルの葛藤の側面を強調することは重要である。というのも，このモデルのバランス－解決－調和の側面の方がよく知られており，そこからユングの誤った読み方が生まれているからである。ユングは，心の中の緊張が止まれば，結局死で終わることになろうと信じていた。緊張は生命エネルギーそのものなのである。「理論的理由からいっても，子どものなかに何らかのこのような対立物の緊張があるにちがいない。そうでなければ，いかなるエネルギーも不可能となろう。なぜなら，ヘラクレイトス(訳注11)が言ったように，戦いは万物の父だからである」(40)。同じテクストの前の部分で，ユングは書いている。「どんなに強い葛藤でも，もしそれが克服されるならば，容易なことでは崩されない安心感と平安が残る。そうでなければ，ほとんど癒しようのない挫折感が残る。逆に言えば，これらの強い葛藤とその露呈こそが，貴重で長続きする結果を産むために求められるのである」(41)。この引用によってわたしたちはバランスモデルを正確な解釈として受け入れることができる。しかし，ユングは『書簡』の中で葛藤を強調している。「結局のところ，わたしたちはみなどこかで行き詰まります。なぜなら，わたしたちはみな死すべきものであり，全体性としてのわたしたちがそうであるところのものの一部分にすぎないままでいるからです。わたしたちが到達できる全体性というものは非常に相対的なのです」(42)。

ユングはいくつかの著作の中で「対立しあうものの和解」，さらには至福さえ云々している。このような言葉は，調和の状態に到達することができるということを暗示する。自分の心理学をこのような至福状態の探求として読んでいるかのようなある批判者に対する手紙の中で，ユングは次のように言わねばならなかった。

　　対立しあうものから完全に自由になった人はこれまでに一人もいません。なぜ

なら，生理学的に生きているかぎり，誰も苦痛と快楽を逃れることはないのと同じように，このような状態に到達できる生き物などあるはずがないからです。人はサット・チット・アーナンダ（sat-chit-ananda）の状態に到達することで（訳注12）完全な解放の直観を得たとき，たまたまエクスタシーを体験するかもしれません。しかし，アーナンダという言葉はその人が快楽を体験していることを示しており，対立しあっているものを区別せず，それゆえ，それらに関わらなければ，あなたは何も意識することさえできないのです。(43)

ユングのモデルでは，葛藤も全体性もともに必要な体験である。心にはもともと対立しあうものが含まれていることからいって，対立しあうものの象徴的合一は葛藤の裏返しのイメージである。全体性と崩壊，統一と分裂はともにユングの見解にとって本質的なものである。マンダラとそれが表す全体性にむかっての潜在力は，心の完全なモデルとして捉えるべきではない。それらは半分にすぎないのである。全体性は集合的無意識における一つの元型的イメージでしかなく，すべての元型的イメージがそうであるように，これにもその反対のものがある。この問題について，ユングは述べている。「多様性と内的な分割に統合的統一が対立し，その力は本能の力と同じぐらいに大きい。この両者がいっしょになって自己調節に必要な一対の対立物を形づくるのである」。(44)

「無意識との対決」の数年であった1913年から1917年までのあいだにユングが発展させたタイプ論は，葛藤と解決の弁証法の一つの実例としてみることができる。タイプ論を展開させるうえでのユングの明確な目的は，和解できないように見える性格の違い（そこから，自分のとは異なった観点を理解することはおろか，認めることさえできないということが起こるのだが）を説明することであった。タイプ論に対する要求は，ユングの苦痛に満ちたフロイトとの訣別から直接的に起こった。彼はフロイトとアドラーの訣別だけでなく，3人の心理学の有用性もタイプ論の見地から説明した。ユングには，アドラーの心理学が内向的で思考中心的である一方で，フロイトの精神分析が外向的で感覚中心的であるように感じられた。ユング自身には，「どちらのタイプをも等しく公平に認める心理学を作り上げるという困難な課題」がとっておかれた。(45)

簡単に説明すれば，ユングのタイプ心理学では，個々人が，世界を把握する

うえで四つの可能な様態を用いることができるということになっている。それらは，思考と感情，そして直観と感覚である。それぞれの機能のペアは相互に排除的である。というのも，ユングのモデルによれば，人は同時に思考しながら感じることはできないし，同時に直観しながら感覚することもできないからである。思考と感情は「合理的」機能と呼ばれ，直観と感覚は「不合理」な機能である。ユングの心理学では，感情は価値づける機能であり，情動の表現ではない。それはある事柄や質に高い価値を置くことを意味する。思考は論理的な分析を通して理解するプロセスである。直観は全体を感じ取る能力であり，それに対して感覚は主に細かい点に関心を払う。ユングによれば，わたしたちはめいめい，生まれた時からこれらの機能の一つが「優れて」いる。すなわち，わたしたちはその「優越」機能を自然に，易々と働かせるのである。もう二つの機能は「アクセス可能」で，わたしたちはそれらを頼みにし，比較的容易に使うことができる。4番目の最後の機能をユングは「劣等機能」と呼んでいる。これはあまり発達しておらず，それを使うと，度が過ぎたり，不格好になりがちである。劣等機能は，他の三つの機能のようには意識に支配されていないので，知らないあいだに行動の中に「蛇のようにこっそりと入り込んで」それを「ちぐはぐな」ものにしてしまうことができる。ユングはタイプ論を発達論と具体的に結びつけてはいないが，現にこう言っている。「人間性に固有の原理として，対立物の問題は，わたしたちの認識のプロセスにおける次の段階を構成する。概して，これは成熟の問題の一つである」(46)。対立し合うものと取り組むことによって彼は，以前は無意識的であった劣等機能を意識化しようというのである。

　四つの機能の他に，ユングは二つの態度を仮定した。これらは有名で，ユングのものと意味（と綴り）を少し違えてであるが，わたしたちの日常の言語に入ってしまっている。すなわち，外向性と内向性である。ユングにとって，外向性とは，自分の方向づけを対象（たとえば他の人など）から得ることを意味するのに対して，内向性とはそれを自分自身の内から得ることを意味する。これらのタイプと両者の相互作用の完全な記述は，ユング全集第6巻の『タイプ論』に見ることができる。わたしがここで非常に簡単にではあるが，タイプ論

を説明したのは、二つの理由からである。第1には、タイプ論はユング心理学にとって中心的なものであり、わたしたちがフェミニズムの立場から評価するにあたって少なくとも間接的にせよ含められることになるだろうからである。タイプ論は、後になってユングが「アニムスに取り憑かれた女性」（これについては後で詳述しなければならないであろう）について語る際に理論的支えの一部になっている。かりに感情がたいていの女性の第1の機能である（ユングの見解ではそのようになっている）とするならば、思考はたいていの女性の劣等機能となるだろう。したがって、女性が思考するとき、それはおそらく「不適応」に働き、現実にそぐわないものになろうというわけである。フェミニズムの立場からの批判に着手すると何度も見出すことになるのだが、この種のユング的な説明の問題は、それが、父権制の基準によって強力に条件づけられてきた行動を「自然なもの」であるかのように説明することである。実際、女性たちが大学に通うのを男性たちが認めたのは、ようやく19世紀になってからのことである。それ以前は、そして、女性たちが大学に通いだした頃でさえ、男性たちは、高等教育が女性の神経組織もしくは生殖能力に有害であろうと信じていた（し、女性もその信念を受け入れていた）。社会的、教育的遺産がこのように貧困なものであったのだから、ものを考えたり、時には自分の考えを防衛的に、または弁解しながら発表するときに女性が男性に比べて自信がないのは当然である。さらには、女性は、いまなお女性の知性を評価しない雰囲気が社会に蔓延しているのを感じとる。そして、これが女性の考えの質に影響を与えているのである。

　わたしが、タイプ論についてのこの議論を含めた第2の理由は、それが心の葛藤解決モデルを例示しているからである。ユングのタイプ論的な心のモデルは、個々人のなかのアンバランスを出発点として想定している。そして、そこでは、世界を捉える一定の諸様態を同時に働かせることはできないということが前提になっている。わたしたち一人一人は、もともとアンバランスな自分の状況をまるく完成させるためには無意識的な機能を自覚的なものにしなければならないのである。

　わたしたちの目的にとって最も重要で、たぶんユングにとって最も基本的であろう形の葛藤は、男と女の性の対立である。錬金術に関する考察で、ユング

は男性と女性の間の関係に関する自分の見解を明らかにしている。彼の見解によれば，錬金術は，卑金属を黄金に変容させる行為に，無意識的な心のプロセスが投影されたものなのである。彼は分析心理学の核になるプロセス，すなわち個性化を，その変容の行為が似ているという理由で錬金術に喩えている。

> 諸元素間の敵意が克服されても，最後の，そして最も恐るべき対立がまだ残っている。これを錬金術師はいみじくも男性と女性の関係として表現した。わたしたちはこれを何よりも，二つの対立しあう極が一つになるように駆り立てる愛の力，情熱の力と考えがちであるが，このような熱烈な魅力が必要とされるのは，これと等しく強い抵抗が二つを引き離しつづけるときだけであるということを忘れがちである。・・・この二つの対立しあう極の間には原初の罪，すなわち，**敵意という中断された状態**が横たわっている。そしてこれを不合理だと思うのは，合理的な精神であり，心はそうではない。[47]

この対立が枝分かれしたものをユングは以下のようなさまざまな形に見ている。すなわち，物質と霊（物質は女性原理，霊は男性原理），ソルとルーナ（ソルは太陽で男性的意識，ルーナは月で女性的意識），錬金術におけるレックスとレジーナ（王と妃）から，無意識的なアニマ（男性の心のなかの女性的なるもののイメージ）が対立する男性の意識的な自我と，無意識的なアニムス（女性の心のなかの男性的なイメージ）が対立する女性の意識的な自我にいたるまで。

ユングによる対立の提示の仕方の中でも最も意味深く，人生に中心的なものと彼が感じていたものは，善と悪の間の緊張としての対立である。彼は次のように述べている。「善悪がわたしたちの外部にある霊的な諸力であり，人間が善悪の戦いに捉えられているという見解は，この対立しあうものが，あらゆる心的生活の，抜きがたく，不可欠の前提条件であり，そのため生そのものが罪であるという洞察に比べれば，まだはるかに受け入れやすいものである」。[48]

以上，ユングの人間関係において葛藤が果たした役割を簡単に示し，彼自身の体験と，彼の心のモデルにおいて葛藤とその解決が果たしている役割の間の結びつきを指摘した。これより後，これらの概念自体をより深く検討してゆこう。

第 4 章

個性化と
内なる
キャラクターたち

　拡充法（amplification）は分析心理学の核になる概念を説明するのに好んで用いられるユンギアンの方法である。「拡充法」は，ユンギアンがあるテーマを「めぐる」プロセスであり，それによって，そのテーマにアプローチするもっとたくさんの可能性がもたらされる。ユングとユンギアンは暗示的で隠喩的な言語を好んで用いる。ユンギアンの中には，それ以外の種類の言語を用いれば必ず，正確さと明瞭さを求める自我の要求に屈伏し，そのために概念の本質が失われると主張する者さえいる。ここで，ユングの中心的な概念を説明し，何人かのユンギアンも用いてきたのと同じ「直線状の」方法（linear method）を用いるにあたって，わたしは，明瞭であれ，という自我の要求に応えたいと思う。共通理解を持ちながら議論を続けてゆけるようにするためである。

　個性化（individuation）は分析心理学の核になるプロセスである。これは人生のゴールであり，人が真実に自分自身，つまり，いつもそうなるべく意図されていた人物になる道程である。個性化はこのようにプロセスとゴールの両方である。この言葉が暗示するように，それは分離することと個体になることに関係している。この分離してあるということは，人に無意識的に働きかける内

面のもろもろの強制と内なる声から自分を区別すること（それらからの分離を達成すること）を特に意味している。第2章で述べたセルフ・ヘイター（自己嫌悪者）は，心を歪める内なる声の好例である。ユングの個性化は，単に（ユンギアンのあいだでは「コンプレックス」や「元型的イメージ」として知られている）もろもろの内なる声からの距離や，それらに対する観点だけでなく，ある点で特殊な仕方でだが，他者たちから分離していることも含んでいる。ユングは自分が「群集心理」と呼ぶものに特に批判的であり，そこに人類一般に対する途方もない危険を見ていた。個性化するということは，群衆心理から離れたままでいられるということを意味する。なぜなら，個性化によって人は，自分の無意識的な「キャラクターたち」を認識し，その結果，次のことが避けられるようになるからである。すなわち，キャラクターたちと同一化して，結果的に破壊的なあり方で彼らの声を「演じる，行動化する」ことである。ユングは核となるプロセスを，もろもろの強制もしくは「内なる声」から距離をとることの達成として理解している。だが，それと同時に，これまで知られてこなかったわたしたち自身のもろもろの部分を「主張」し，認めることをも提唱した。それゆえ，彼は個性化において二つの動きが起こることを示唆している。すなわち，無意識を自分自身として主張し，かつ，自分が無意識に翻弄されないように，無意識から自分を区別し，分離するということである。これらの動きは矛盾しているように見えるかもしれないが，実際はそうではない。どちらの動きも，無意識の形姿に気づき，それらと「対話」（その方法は後で述べるが）することである。これは，それらの存在を承認すること（すなわちそれらを自分自身の一部として「主張」すること）であると同時に，人がそれらと同一化しないようにそれらから距離をとることなのである。夢と空想に現れるイメージはしばしば自分への気づきを増すための原動力となる。したがって，個性化を記述するにあたって，ユングはよくイメージに焦点を当てる。しかしながら彼は，そのイメージそれ自体の中に具現化されている性差別は批判しない。この批判こそわたしたちの課題なのである。[1]

　以下の議論のために，ユングの用語を定義することが必要である。以下に定義を示すにあたってはつねに個性化が問題になっている。というのはユングの

第4章　個性化と内なるキャラクターたち　71

概念はすべて，この核となるプロセスに関わっているからである。

　ユングの中心的な用語の一つは「集合的無意識（the collective unconscious）」である。これは，ユングがすべての人類を結合するものだと信じている共通の「心の」基礎につけた名前である。この理論の基礎は体験であるとユングは主張する。というのも，これが精神病患者の心理過程の観察から得られたからである。ユングは，精神病患者の混乱したコミュニケーションの象徴体系を不気味なぐらいに理解できた。この能力をユングは後に，集合的無意識に彼らが共通に与っていることから説明した。「どんなに不条理なことでさえ，人間として理解できるだけでなく，どの人間の心のなかにも宿っている考えの象徴以外の何物でもない。狂気には新たで未知のものは何も発見されない。わたしたちは自分自身の存在の基盤，わたしたちがみな関わっている生死に関わる問題の母体を見ているのだ(2)」。

　ユングは「個人的無意識（the personal unconscious）」と「集合的無意識」を区別した。彼が言うに，前者は，「わたしが知っているが，今のこの瞬間には思っていないものすべて，かつては意識していたが，今では忘れてしまっているものすべて，感覚で知覚されるが，意識的な注意を払われていないものすべてからなっている(3)」。一方，集合的無意識は以下の性質から成り立っている。すなわち，

> 個々人によって獲得されたのではなく，遺伝された性質である。例えば，意識的な動機づけがなくとも，必然性からもろもろの行動を実行する衝動としての本能がそうである。この「より深い」層には・・・元型（archetype）も見出される。・・・本能と元型はいっしょになって「集合的無意識」を形づくっている。私がこれを「集合的」と呼ぶのは，個人的な無意識と異なり，それが個々人の大なり小なりユニークな内容からではなく，普遍的で恒常的で規則的に生起する内容から成っているからである。(4)

　ユングにとって集合的無意識は，わたしたちがすべてそこから生きている普遍的で集合的な母体である。それは，繰り返されるテーマ，イメージ，モチー

フにだけでなく、本能的な行為とそれに伴う情動にも現れる。これらをユングは「元型的（archetypal）」と呼んだが、これは、もう一つの有名な、しばしば誤解されるユングの用語である。

晩年の1946年、ユングは元型と元型的イメージ（archetypal image）に区別を設けた。それ以前には、普遍的なテーマとイメージを語ろうとするときに、それらを「元型」と呼んだので、二つの言葉の混同が起こっていたからである。ユングの読者がきまって元型をイメージと混同したのは、ユング自らが混同していたのだから、不思議ではない。とりわけその普遍性に関してそうだが、元型的イメージに関するユングの取り扱いはきわめて曖昧であり、1946年になってやっと明確化がなされた。この時点で、ユングは普遍的であるのはイメージではなくて元型だけだと主張し、二つが別々のものであることを明確にしたのである。元型それ自体は、単にイメージを形成するための素因にすぎない。「元型自身は空虚で純粋に形式的なものであり、はじめから存在する形成能力（facultas praeformandi）、**アプリオリ**に与えられている表象の可能性に他ならない」[5]。ユングはまた、イメージこそがわたしたちに元型を仮定させるものであるとも述べている。「次のことをいつも念頭においておかねばならない。すなわち、わたしたちが〈元型〉という言葉で言おうとしているのは、それ自体表象できないものだが、それが働くことで、わたしたちはそれを視覚化できるようになるものであり、その結果が元型的イメージなのである」[6]。1946年以降も、集合的無意識の理論に対するユングの正当化は混乱したままであった。彼は、同じイメージとテーマが人類の歴史の中で繰り返されていると主張したが、それらの普遍性を否定すると同時に、元型を「証拠だてる事実」としてそのイメージが普遍的であるということに助けを求めたのである。

いずれにせよ、元型（集合的無意識の構造的要素）は一つの仮説であり、ユングはそれを仮説として認めていた。それは、本能的なものであれ、これに類するものであれ、人間の脳にあって、どんな人間にも見られる行動パターン、モチーフ、テーマ、イメージ、象徴となって現れるパターン化のプロセスについての仮定である。ユングは、時に元型自体を、一定のテーマとイメージを自分自身に引き寄せるエネルギーの渦巻きになぞらえた。彼が述べるに、元型的イ

メージは多大の感情を伴っている。それらは，わたしたちの心に最も深く触れる，人間に特有の体験とこれに伴うイメージなのである。それらには強制的な性質があるために，ユングはそれらを「ヌーメン的（numinous）」とも呼んだ。ユングは最もよく出てくるイメージに名前を与えた。影，アニマとアニムス，子ども，トリックスター，そして自己は，最もよく知られている元型的イメージであり，以下でさらに検討する。

少しでも歴史を調べれば，集合的無意識，その主な構成要素，元型と元型的イメージに関するユングの「発見」がどのようなものであったかがわかろう。ユングは最初の仕事からすでに無意識への並々ならぬ関心を示している。たとえば，1902年，ユングは霊媒である自分の従妹，ヘレーネ・プライスヴェルクを題材にして博士論文『いわゆるオカルト現象の心理と病理』を書いた。ユングは霊媒がトランス状態でいるときに現れてくるもろもろの人格を，自律的人格（autonomous personalities）あるいはひとりで行動する人格（automatic personalities）を意味する「自動現象（automatismes）」と呼んだ。彼は，もろもろの無意識的，自動的人格の起源を霊媒自身の人格と心理的欲求に関係づけることによってこの研究をしめくくっている。

> それら［抑圧された諸傾向］はなくなるのではない。イヴネス［自律的人格の一つ］の理想に類似した抑圧された考えとして，それらは自律的人格として独立した存在になり始めるのである。
> それゆえに二重意識の現象は単に新しいキャラクター（性格）の形成，もしくは未来の人格が現れでようという企てである。[7]

これらの人格に対するユングの関心は，心は補償するという，後の彼の見解を先取りしている。補償（compensation）ということで彼が理解していたのは，意識から失われたものは何にせよ無意識に存在するということである。

ヘレーネの事例において，霊媒は自律性を備えた人格をあまりに完全に抑圧してしまっていたので，それらが自律性という特徴を帯び，霊媒自身が意識していなくとも振る舞うことができたのである。ユングはそれらが「顕著にある

目的に向かっているという意味(8)」を持っていることを感慨深げに語っている。これらの人格が，霊媒の意識的人格にはない要素を含んでおり，したがって，心理学的に必要であり，単なる逸脱として片づけられるべきものではないというのである。

同様の見地はユングの精神病治療の中にも現れた。1900年，精神科医になろうと決意したユングはチューリッヒにある有名な精神病院ブルクヘルツリに向かった。そこで，彼は，精神病患者の「狂った」言葉の象徴的意味を，従妹の「ひとりでに行動する人格」を立証するために払ったのと同じ関心から追求した。これは，いまでもそうだが，当時としても，普通ではないアプローチであった。無意識は意識にないものを提供するということをユングがますます信じるようになってきていることを示すもう一つの例である。無意識のメッセージが「狂気」の形で現れて，それをわたしたちが理解できないなら，それは，合理的な意識が象徴体系を理解しない，あるいは許容すらしないからだとユングは確信するようになった。バベッテという一人の患者との彼の仕事は際だっている。この深く病んだ女性の内に，ユングは，象徴的に解釈されるなら意味を持つような自律的なコンプレックス（一つの声）を発見した。この声はユーモアと皮肉のセンスさえ示していた。

　　　ある時，彼女は力をこめてこう言った。「私が総元締めで，シラーの『鐘』を独り占めしているのよ。」すると電話［信頼できる内なる声］が言うのだ。「えらく大事なものなんだね。それなら相場が落ちるさ！」これらのすべての例で，「電話」は，皮肉っぽくコメントする傍観者の性格を持っている。この傍観者は，患者が優越感の調子を帯びて主張するこれらの病的な気まぐれと嘲りがいかに不毛かを徹底的に確信しているように思われる(9)。

霊媒との仕事と同様にバベッテとの仕事も，心が補償の原理で機能するという，彼の募りつつある確信をさらにあおった。夢，空想，箱庭，描画，さらにはバベッテの話したような「ナンセンス」さえ，もし還元的にではなく象徴的に理解されるなら，必要なものを意識にもたらすことができるのである。ユングは

第4章　個性化と内なるキャラクターたち　75

いかなる人格も，霊媒の人格，バベッテの人格，それに彼自身の第1人格と第2人格と同様に，多重であると考えるようになった。彼は，後には「コンプレックス」と呼ばれるようになるものだが，正常な人々にさえある「ひとりでに行動する人格」を非常に真剣に受け止めるようになった。「正常」な人格と「異常」な人格の違いは，自我が他のもろもろの人格にどれほど気付いているかの程度の違いだというのである。

　ユングは，個性化以前の状態は意識の内容と無意識の内容が「汚染」しあっている状態，もしくは先に述べたように，副人格（subpersonality）と完全かつ無意識的に同一化している状態であると仮定した。個性化していない状態にある人は，その副人格を他人に投影するか，そうでなければ，それに取り憑かれて（その情動的な性質に全面的に支配されて）いるかのいずれかである。いずれの状態も自覚を表していない。個性化の本質は，胸の中に住んでいる多重人格，「小さな人々（little people）」を知るようになることにある。人は，彼らの声から自分の声を聞き分けると同時に，彼らと「仲良しになる」必要がある。ユングは個性化とは，人がその人自身になるプロセスであると述べたが，それを利己的で，自我中心的な意味で言っているのではない。ほとんど神のような均衡を備えている元型的イメージである自己が，個性化の過程全体を支配しており，それが徐々に意識の中心としての自我に取って代わってゆくのである。

　ユングが彼の従妹に発見した「自律的人格」と精神病の女性，バベッテにとって意味のあった声を心に留めるべきであろう。ユングが「コンプレックス」と「元型的イメージ」ということで言おうとしているものは，それらによってより明瞭に理解することができる。コンプレックスと元型的イメージは，同じではないが，ともに，一つの「自律的副人格（autonomous subpersonality）」として働くことができる。両者の違いは，それぞれの源泉という面から最もよく理解される。コンプレックスの起源はその人の個人史にあるのに対して，元型的イメージの起源は集合的無意識にある。しかし，ユングが指摘したように，どのコンプレックスも元型的核を持っている。ユング派の分析家，エドワード・エディンガーはコンプレックスを以下のように定義している。

コンプレックスは，情動を帯びた無意識的な心的実体であるが，それは，**元型的イメージ**である中核のまわりに群れをなして互いに結びついているたくさんの観念とイメージから成っている。コンプレックスが刺激されたということは，心のバランスを混乱させ，自我の習慣的な機能を害なう感情が出現することから認識される。⁽¹¹⁾

　ありふれたユング流の言語で，かつ大衆文化で「母親コンプレックス」とか「父親コンプレックス」と言われるとき，それは，現実の母親あるいは父親との関係における早期の傷で引き起こされて，まだ癒されていない個人の心の部分を指しているのだろう。しかしながら，コンプレックスなら元型的核を持っているはずである。なぜなら，誰にも自分だけの個々の父親と母親がいる一方で，父と母は普遍的なものであり，人間存在にとって基本的なものだからである。父親イメージと母親イメージによって，場所を問わず人々が元型的イメージに関していつも感じるエネルギーと情動がすべて呼び起こされる。

　コンプレックスから区別される元型的イメージは，人間の普遍的な体験を描きだす共通の象徴，イメージ，モチーフ，テーマである。元型的イメージであるために，象徴は，（第3章でユングの葛藤モデルを論じる際に説明した）対立しあうものの緊張に働きかける。周知のように，ユングは，対立しあうものによって生み出されるエネルギーがなければ，心は存在しないだろうと信じていた。象徴，もしくは元型的イメージは，対立を含み，かつ超越する。だからこそ，それらは非常に強力なものとなるのである。この対立によってユングが言おうとしていることをわかりやすくするために，最もありふれた元型的イメージの一つであるアニマ（anima），すなわち，男性の持つ女性的なるもののイメージを考えてみよう。ユングの記述によると，アニマ・イメージは男性たちを力強く，かつ複雑な仕方で引き寄せる。男性が女性について持つイメージは，恐るべき誘惑者，歯を持つヴァギナから，天使のように純粋無垢なものにいたるまで幅広い。男性はこれらのイメージに対して深くて複雑な気持ちを抱くが，自分自身に対してもそのように感じるようである。これは，ユングが言うには，そのイメージ自身に固有な両極性の一つの表現である。定義からいって，元型

的イメージは，対立しあうものを含んでおり，時にはそれらを超越したり，一つにしたりする。

象徴は合理的にはけっして完全に説明されることも理解されることもありえない。だからこそ，ユングは象徴的テーマを論理で束縛するよりはむしろ拡充することを好んだのである。ユングはそれらのなかでも最もよく見られる元型的イメージに擬人化した名前を与えた。それには，すでに見たように，影，アニマ，アニムス，子ども，トリックスター，愚か者，老賢者，老賢女そして自己がある。自己は，特に対立しあうものを一つにしながら超越する唯一の元型である。元型的イメージのエネルギーは，夢，空想，投影と憑依に現れる。それらに名前を与えることにより，それらの中に含まれるエネルギーと情動へ意識的に接近できるようになるのである。

自我（ego）とペルソナ（persona）は，あらゆる人格を構成している二つの要素である。それらは，まったくというわけではないが，本来は意識的なものである。ユングはそれらを記述するために「コンプレックス」（たとえば「自我コンプレックス」）という用語を用いたが，ここで彼が言おうとしているのは，たとえば，「母親コンプレックス」が指しているような否定的な傷つきよりはむしろ，単にあるテーマをめぐるもろもろのイメージの布置である。

> 自我ということでわたしが理解しているのは，わたしの意識野の中心を構成し，高度の連続性と同一性を所有しているように見える諸観念の複合（complex of ideas）である。それゆえ，わたしは**自我コンプレックス**をも云々する。自我コンプレックスはわたしの意識野の内容に等しい。・・・というのも，心的要素は，それが自我コンプレックスに関係するかぎりにおいてしかわたしに意識されないからである。しかし，わたしの意識野の中心でしかない自我はわたしの心の全体性と同一ではなく，他のもろもろのコンプレックスに混じっている一つのコンプレックスにすぎない。(12)

フロイトと同様にユングも，自我が本当は自分の住みかの主人ではないと考えている。自我は自分の住みかの主人だという意見が世間に行きわたっている

が，これは幻想である。自我の機能は，無意識から他のコンプレックスが侵入すると障害を受ける可能性がある。全体としての心は実際は「種々のコンプレックスが矛盾している多重性」であり，自我はこれらのコンプレックスの一つなのである[13]。自我は普通は，解決できない葛藤か，他の神経症の兆候に行き当たるまで，そのことには気づかない。この場合，助けをユンギアンに求めるならば，自我人格はおそらくもろもろの無意識的副人格に気づくことになるであろう。個性化のプロセスにおいて，自我はその中心的な居場所を他のもろもろの「人格」に引き渡さねばならない。そしてそのために，自我は必然的に相対化される。

　ペルソナをユングは俳優の仮面になぞらえる。ペルソナは人が社会で演じる役割を指し，それゆえ集合的であり，ユニークではない。ペルソナは，それが「仮面」だからといって，重要でないとか，表面的だとかいうわけではないが，人は，自分の演じている役割が自分のアイデンティティだと誤解しないように気をつけねばならない。ペルソナはユングによると，「個性を装い，他人やその人自身に自分が個性的であることを信じこませる。だが，実際には，人は，それを通じて集合的な心が語る一つの役割を単に演じているにすぎないのである[14]」。「たとえば，どんな職業にもそれに特徴的なペルソナがある。・・・ただし，次のような危険がある。人々が自分のペルソナと同一化することである。たとえば，教授は自分の教科書に，テノール歌手は自分の声に同一化するように[15]」。ペルソナの過剰発達ほどにはそう普通には見られないが，ペルソナが不十分な人がいる。すなわち，彼らは社会的場面でどう行動してよいかわからないのである。このような場合，ユング派の分析家ならその人がより強力なペルソナを育てることを助けるだろう。そのようにすることは，当人にしてみれば，ちょうど「ある役を演じる」のを学ぶように，自分らしくないように感じられるかもしれない。だが，社会的役割を演じられなければ，その人は苦労するであろう。ユングの考えでは，人々はしばしば，社会のもろもろの要求に良好な，否，良好すぎる適応をすることから出発する。そのために実際には，もしすでに個性化の道を歩んでいるのなら，自分の社会的役割に含まれない諸要素，さらには，ペルソナとは正反対の諸要素でつまずかざるをえなくなる。ペルソナ

は影とアニマ（女性の場合はアニムス）の双方と補償的な関係にある。「かくあるべしという男性の理想的な姿であるペルソナは，実は密かに女性的な弱さによって補償されている」。エドワード・ホィットモントはこの関係を最も簡潔に描写している。「ペルソナが明るければ明るいほど，影は暗い」。

　自律的人格を体験したのちにそれらを認識して統合する二つの典型的な仕方がある。それはコンプレックスと元型的イメージの投影と憑依である。投影という知覚の「トリック」によって，わたしたちは実際には自分の特徴であるものを他の人のうちに知覚する。だからといって，これらの特徴を投影される人がそれらを持っていないというわけではない。ユンギアンたちが言うように，その人にはおそらく，「投影されるためのフックがある」のだろう。そうでなければ，わたしたちは誰よりもまず彼らにこれらの性質を投影することはないだろう。しかしながら，投影が働いていると，わたしたちは自分が他人の中に見るその性質に，肯定的にしろ否定的にしろ，過剰に反応する。他の人に感じる情動をどの程度感じているかをてがかりとして，わたしたちは自分が投影を行なっているかどうかを知ることができる。個性化の過程にある人は投影を撤回する。これは，単に他人に対しての投影が少なくなるということだけでなく，以前は否認されて他人に投影されていたもろもろの性質を受け入れることにより，自分の人格が拡大されるということでもある。

　一方，憑依は，自分でもその存在に気付いていない「副人格」に乗っ取られて，その声のなかで「行動に表している」状態である。この場合，本人は，意識的に選んでそのように行動しておらず，自分がそれをしているということを知らないでいる。憑依されると，人々は，自分についての意識的な感覚からすればけっして容認しないような仕方で行動することがある。たとえば，怒りを表現することをいままで一度も許されたことがなく，そのため怒りの感情をすべて抑圧してきた温順な人が，時には自分の怒れる副人格に「取り憑かれて」，おとなしい自己なら許さないようなことをするかもしれない。投影と憑依は，無意識的な性質を自我が排除することによって起こる。人が「無意識的」であればあるほど，投影と憑依を通してであるが，「トリック」知覚は誇張されがちになる。

複数の自己同士の疎通性を増すためのよく知られたユングの方法が「無意識との対話」である。このことによってユングが言おうとしているのは，内なる形姿（たとえば夢とかファンタジーに出てくる形姿）との対話であり，合理的な判断をいったん棚上げし，夢もしくは空想の気分に戻り，夢や空想の形姿に語らせることによってなされる。そのとき，形姿は，ちょうどまるでそれがもう一人の誰かであるかのように話し返してくるであろう。たとえ「対話」が対人間のものではなく，心のなかのものであっても，それは現実味がある。ユングの擬人化の方法はきわめて想像力にあふれている。自我を含めて心の中に住んでいるどの「小さな人」も，互いに対話しあっている。心の中の「小さな人々」と対話し，彼らを，まるで自分自身生きる権利があるかのように扱うことを学ぶにつれて，自己受容が生まれてくる。影，アニマもしくはアニムスといった元型的なイメージと「対話」するようになると，自我は普段の荒っぽさや杓子定規な見方を脱ぎ捨てて，相対化されるとともに変容される。自分自身，すなわち内なるキャラクターたちに対してもっと優しくなるということは，それ自体，心を変容させうる。理論的には，自分自身に対してよりやさしく，かつ，より受容的になると，その結果，わたしたちは他の人々を決めつけたり，横暴に扱うことが少なくなる。投影と憑依の可能性が減るからである。

　ユングの用語を用いるならば，神経症は自分自身の内部の分裂，「亀裂」である。そして，その分裂は意識と無意識の間で起こっている。元型的イメージは神経症において，中心的もしくは周辺的な役割を演じているかもしれないが，普通はコンプレックスを伴った個人的な無意識の方がより顕著である。人々は自分の人生で神経症を多くの装いのもとで体験する。それはおそらく人間関係の葛藤，抑鬱，あるいは仕事ができないといった形で現れるであろう。憑依と投影は神経症においても役割を果たしている可能性がある。人は神経症的な問題を「ここに」よりはむしろ「あそこ」のこととして体験するかもしれない。このような問題の解決にあたって意志の力が十分でないとき，ユングなら神経症の存在を仮定するであろう。神経症を前にして人が抱く無力感（意志の力が役に立たないという事実）はユングにとっては，葛藤の半分が無意識であるということの証拠である。ユング派の分析を受けることは，神経症の無意識的な根

源を発見し，葛藤の象徴的意味と徹底的に取り組み，これまで葛藤に縛り付けられてきたエネルギーを解放する機会となる。人々は神経症のために分析を受けにくる。それゆえ，これには肯定的な側面を有している。というのは，神経症が生み出す苦痛に促されて，人は，人生の課題である個性化を向かわされるのかもしれないからである。

　ユングは個性化過程の理論と神経症の定義によって，暗に西洋の合理的なテクノロジー社会を批判している。たとえば，かりにすべての人が生まれながらに外向的でなくとも，西洋社会における社会化のために，ほとんどあらゆる人が外向的になるように強いられることを見て取っている。西洋社会で受け入れられるには，人々は他の人と頻繁に交流し，いつも忙しくしていなければならない。自分を振り返るための時間はほとんどなく，反省的なライフスタイルをとる人は誤解されたり，低い評価を受けがちである。内向的な人々，すなわち孤独を好み，自分の内面の感情から自分の方向を定める人々は，なるほど，外向的になることで人生に成功するかもしれないが，それによって自分の本当の資質を損ねてしまう。これは神経症の多くの可能な原因の一つである。神経症は人間をあるがままにはさせないように社会が作用することによって形成される。上のような場合，抑圧されているが当人に必要な内向性は無意識の中にある。無意識についてのユングの見解は究極的には目的論である。というのは，彼は，健全さと全体性の種が無意識の内に存在すると考えているからである。このことを強調する点でユングはフロイトと立場が異なる。

　普通，個性化の中で出会う自分の「内なるキャラクターたち」の最初のものが影である。これは，人格の中の「否定的」で，しばしば軽蔑され，抑圧された面にユングが与えた名前である。意識的人格とは「反対のもの」の形をとる影には，意識が拒否する他の性質だけでなく，個々のタイプの劣等機能と態度も含まれている。ユングはそれをコンプレックスとして，かつ元型的イメージとして記述している。彼は次のように感じていた。すなわち，個性化の道程において，人は普通，他のもろもろの元型的イメージに先だってまず影に出会う。なぜなら，影は，集合的無意識と個人的無意識の双方の要素を持っているが，前者よりはむしろ後者に属する諸要因から成っているからである。したがって，

影は他の元型的イメージよりは意識に近くて知りやすい。わたしはこの影の概念を少しくわしく述べることにしよう。なぜなら，この概念は，個人にとっても，そして，後で論じるように，国家にとっても非常に重要と思われるからである。

　ユングは，わたしたちが影を同性の他者のうちに体験し，もしわたしたちが女性なら，ある女性に，もしわたしたちが男性ならある男性に影の性質を投影すると信じていた。ある人の意識的人格とは反対のものである影は，少なくともそれが統合される（認識され，受容され，変容される）までは，普通，否定的なものとして体験される。しかしながら，影はいつも否定的に感じられるというわけではない。なぜなら，すべての元型的イメージと同様に，影も対立しあうものの緊張の原理に基づいて存在し，肯定的な極と否定的な極を持っているからである。人は，「明るい」もしくは善い性質を抑圧し，さらには蔑んでいることもあり得る。この場合，影にはそれらが含まれていることになるだろう。しかし，影に「暗い」性質が含まれている場合の方が多い。なぜなら，わたしたちは「暗い」性質を拒否するようにしつけられながら育ってきたからである。他の宗教と同様にキリスト教も，「暗い性質」を悪に結びつけており，わたしたちはそれらを軽蔑するように教えられている。ユングは，彼がキリスト教の完徳の理想とみなしたものを厳しく批判した。彼は，この理想がそもそも達成できないものであるとともに，自分自身や他人を扱う際にわたしたちが過酷なまでに抑圧的になる原因でもあると信じていた。キリスト教的完全主義は，わたしたち一人一人が影を創りだすうえでの一つの主な要因である。怒り，貪欲，羨望，性的欲望およびこれに類するものを否認するように育てられてきたのなら，これらの感情の行き場はどこになるだろうか。それは影だ，とユングは主張するのである。

　ユングは，わたしたちが自律的人格を意識的に自分のものとすることが必要であると信じた。統合された影は意識的な人格に実質を提供する。自分の中の怒りをけっして許さない従順な女性を例にあげてみよう。彼女は他の女性を怒りっぽいと感じ，この女性のなかの怒りを憎む。その女性を非難し，強迫観念といってよいほどにその女性に注意を集中する。これが影の投影である。ユン

第4章　個性化と内なるキャラクターたち　83

グの治療方法ではこの患者の注意を内面に向けさせることになるだろう。すると，患者は，自分自身が怒っているかどうか，もしくは怒りが表し，自分が他人の内に見出しては憎んでいる自由への羨望を抱いていないかどうかを発見することであろう。この内面への注意は，知的な行為以上のものでなければならない。分析を行なう自我意識が影に対して敵対的だからである。ユングなら彼女にこう言うだろう，この怒りっぽい女性に対するあなたの感情を，充分に出てくるがままにしなさい，それに働きかけるのではなく，それを自分の意識で承認し，感じるのです，と。彼女はおそらくこの怒りっぽい女性に対して軽蔑といら立ちと，怒りをおぼえることであろう。患者の抑圧された感情を明るみに出させることは，それ自体カタルシス(訳注1)になりうる。それによって患者は，以前に比べてその怒りっぽい女性を憎むことが少なくなり，さらには，その女性に対してある程度の同情さえ感じるようになるであろう。これが，投影を撤回して，自分も怒ることができるのだということを認め始めるということである。最後には，患者がこれまで抑圧してきた怒りが彼女の過度に従順な人格に力強さを付け加えることになるかもしれない。この変化は，ユングの言葉によれば，影の「実質」が彼女の意識的な自己感覚に加えられたのだということになろう。患者は今や「影に縛られなくなる」のである。

　ユングは影を悪の問題と結びつけて考察している。

　　悪に見えること，もしくは少なくとも今日の体験と知識にとっては意味も価値もないように見えるものは，高次の体験と知識のレベルでは最善のものの源であるかもしれない。当然のことだが，万事は，人が自分の七人の悪魔をどのように用いるかにかかっている。それらを意味がないと説明してしまえば，人格からそれに固有の影が奪われてしまう。そして，これがなければ人格は自分の形がなくなるのである。生きた形は，平面的に見えないとすれば，深い影を必要とする。影がなければ，その人格は二次元の幻影，つまり，多かれ少なかれ，よい子として育てあげられたままでいることになる。(18)

ユングによれば，統合されていない影は道徳的問題を表す。統合されていても，

それはより大きな全体性の可能性を表す。したがって，影と取り組むことは，いわば道徳的命令といっていい。ユングがこれほど預言者的な調子をとっているテーマは他にない。影が悪の問題と関係があるので，ユングのヴィジョンはそれに対する肯定的な傾向を持っている。なぜなら，自我が「悪」(それは影のなかに見出されるのがもっとも多い)として考えるものを承認して統合することによって，自律的な副人格としての影が，無闇に行動に現れにくくなるからである。個人的な「悪」は変容しうるのだ。

　とりわけ重要なのは，ユングが影の理論を国家間の関係に拡大したことである。国家はユングが「集合的影 (the collective shadow)」と呼ぶものを持っていて，それを他の国家に投影する。個人と同様に，国家も自分たちの国民がこれまで悪として抑圧してきたものを別の国民に知覚する。このようにして，解決できない紛争と戦争の種が植え付けられる。国際状況がよくなるためには，各国は投影を撤回し，自分の影と折り合う必要がある。アメリカとソ連（訳注　本書はソ連崩壊前に出版された）は，いずれもが自分自身を道徳的に純粋であり，相手を邪悪で帝国主義的であると見るとき，相互の影の投影に耽っている。アメリカは自らが「キリスト教国家」であることを自負する一方で，共産主義者たちを無神論者として酷評する。ソ連の共産主義者は自分たちの社会が，すべての人民の欲求に応えているという理由で，アメリカの社会より道義的であると信じている。彼らは，アメリカが環境を汚染していること，そして，富裕なものが購入する贅沢な品々によって圧倒的な貧富の差がいつまでも続いていることを批判する。実際，どの国が他の国を批判的に見る場合にもそこには何らかの真実があるかもしれない。しかし，その批判が情動的な強迫として行なわれ，独善的な性質を帯びていることから，そこに影が関わっていることが示唆される。このために，その理屈は相互の中傷を越えるものとはならないのである。

> 典型的な神経症者が，自分の**影の面**に無意識的であるのとまったく同様に，正常な個人も神経症者のように，自分の影を自分の隣人や鉄のカーテンの向こうにいる人物の中に見る。一方が資本主義を，他方が共産主義をまさに悪魔呼ば

わりするということは，政治的，社会的な義務にさえなってしまっている。だが，それは，外に向いた眼を惑わせ，個人の内面生活から眼を背けさせるためなのである。[19]

　少なくとも国家による影の投影とおなじぐらいに恐ろしく，かつ危険なのは，大衆が影に取り憑かれるという可能性である。ヒトラーが多くの人々を催眠性の力で支配したことはしばしば例として引き合いに出される。影に取り憑かれるということは，意識の知らない間に，それに支配されることを意味する。影がそれほど憑依していない場合もそうだが，ヒトラーの例でも，意識的な人格は，影が善の名のもとで行なうことを合理化する。というのは，影は，定義からして，意識的人格の自己理解とは反対のものだからである。影に取り憑かれた場合，自我理想は催眠術にかかったかのように影の観点に移行する。ヒトラーは，統合されていない影の力によって語り，他の人々の無意識的な憎悪と恐れに深く触れ，彼らに影の行動に対する合理化を受け入れさせたのである。統合されていないすべての元型的イメージと同様に，影もまた，催眠性で強制力があり，呪縛するように働く。ヒトラーの人種差別，狂信，過度の几帳面さと「純粋さ」への熱望はすべて，統合されていない元型的な影の自己欺瞞の好例である。これらはまた，無意識それ自体が悪であるというユングの命題の証明にもなっている。自分の無意識に対する自覚がなければ，人は無意識のなすがままになるのである。
　しかしながら，個人的影の変容は可能である。まず最初に，影の感情の充分かつ自覚的な表現か，もしくは擬人化のどちらかを通じて，影が認識されなければならない。それによって自我が影と対話できるようになる。統合される前に影によって引き起こされた悪は，自我と出会うことで変容されうる。二つの対立しあう人格のように，この二つは互いに折りあうことができるようになる。とりわけ自我理想が過酷なまでに完全主義的であると，影の統合は謙虚さをもたらす。しかし，自我と「なかよくなる」ことで，影は自我の味方となりうる。
　影は性差別的意味合いからは比較的自由であるが，人種差別からは自由でない。ユングはしばしば影を人格の「暗い面」もしくは「黒い面」とよび，時に

は影を肌の色が黒い人に喩えることまでしている。「この形姿は，しばしば肌が黒い人間や蒙古人種として現れる。そしてこれは，否定的で，ひょっとして危険かもしれない側面を表している。ときには，かりそめにせよ，これを影から区別することはほとんどできない」[20]。あきらかに，この記述は黒人の役には立たないであろう。なぜなら，影は意識的な人格の反対物だからである。影理論のポイントがいわゆる「暗黒面」の統合にあったにせよ，ユングの理論は男性中心主義であるだけでなく「白人中心主義」でもあった。

　ユングの図式に従えば，自分のアニマもしくはアニムスと知りあうのは，普通，影の統合の後である。すでに述べたように，アニマは男性の無意識の中の女性のイメージであり，アニムスは女性の無意識のなかの男性イメージである。ユングはこれらの内的形姿を「コンプレックス」と「元型的イメージ」の双方の名前で呼んでいるが，「コンプレックス」と呼ぶよりは「元型的イメージ」と呼ぶ方が多い。ユングによれば，これらの形姿は影と比べて，集合的無意識から出てくることがより多く，個人的無意識から出てくることがより少ない。そのため，これらを完全に同化することはできない。統合されるまえの他のすべてのコンプレックスと元型的イメージと同様に，アニマとアニムスもある人に取り憑くか，もしくは投影されるかのどちらかになりうる。全体性に到達するためには，人々は，影を必要とするのと同じように，アニマまたはアニムスの観点をも必要とする。反対の性のイメージを統合することにより，人格は発展し，拡張される。それは，反対の性に属すると考えられる性質にアクセスできるようになるからである。

　アニマとアニムスはともに元型的であり，かつ個人的である。個々人のアニマまたはアニムスは，部分的には，異性の体験，とりわけ人生早期の体験にもとづいて構成される。この体験がより早期であればあるほど，それは異性のイメージに影響を及ぼし，(個人の意識の中にとどまっているよりはむしろ) 個人的無意識の一部になる可能性が高くなる。しかし，元型的であるアニマとアニムスは個人的無意識よりもずっと深い源泉からその力を引き出す。ユングはアニマとアニムスの次の三つの源を仮定した。(1)個人的体験，(2)生得的，無意識的で，発生的に各個人の反対の性に基礎づけられたもの。すなわち，アプリオリ（先

験的）なカテゴリー。もしくは，ユングも言っていることだが，異性をイメージする素質（元型）。(3)異性についてうけつがれた集合的なイメージで，神話，お伽話，芸術史，宗教史を通じて伝えられるもの（元型的イメージ）。

うけつがれたイメージについて，ユングは次のように述べている。

> したがって，魂コンプレックスの女性的性質は女性たちの影響からだけでなく，男性自身の女性性からも説明されるように思われる・・・。このことについてわたしたちの側の証人になってくれるのはあらゆる時代の芸術だけではない。女性には魂があるか（habet mulier animam?）という有名な問いも証人になってくれる。^(訳注2) ⁽²¹⁾

ユングには，男性たちの魂イメージが女性的であり，それが女性たちに投影されると感じられていた。彼は自分の理論の裏付けをあらゆる時代の宗教芸術と自分自身や患者の体験に見出した。それとは対照的に，ユングはアニムスを「霊（spirit）」，ロゴス，言葉の力と翻訳した。彼の見るところでは，男性たちにはエロス（関係性，もしくは彼が「魂」と呼んだもの）が欠けており，女性たちにはロゴス（霊へのアクセス，知性）が欠けているために，アニマもアニムスもともに，意識に欠けているものを補償する。アニマが「魂」を意味し，女性たちにはアニマでなくてアニムスがあるので，ユングはしばしば，女性には魂があるかどうかという古いキリスト教会の難問を繰り返した。これは彼が求めるにしては奇妙で横道に逸れた問題のように思われる。彼はこれを面白がったり，これで皮肉っているのだろうか。それとも，そこには現実的なメリットがあると考えていたのだろうか。女性の魂に関するこの問題を提起する場合でさえ，ユングは，男性の「魂」の概念が神学的なものではないと説明している。彼の「アニマ」という用語は心理学的，性愛的な意味あいで言われている。しかし，彼は，女性の魂に関する自分の質問を正当化するために神学を当てにしており，そうすることで，女性蔑視に目がくらんでいる古くさい神学的お題目を復活させたのである。

ナオミ・ゴールデンバーグは，ユングのアニムス概念には一定の方向に誘導

する性質があって問題であるということに人々の注意を促した。彼女はユングからの以下の言葉を引用する。「アニマが男性たちに見られる一つの元型であるからには、これと等価な元型が女性たちに存在するにちがいないと考えてもよかろう。というのは、ちょうど男性が女性的な要素によって補償されるように、女性も男性的な要素によって補償されるからである」。ユングはこの発言を明確にするように努めている。「しかしながら、わたしは、これらの補償的関係が演繹によって到達されたという印象を与えたくない。反対に、アニマとアニムスの性質を体験的に把握するためには、長くて多様な体験が必要とされたのである(22)」。しかし、ユングは、女性には、アニムスが何であるかを理解することがしばしば困難であるということに注目している。

> わたしの体験によるかぎり、アニマということで何が言われているかを、男性はいつもかなりたやすく理解する。実際、わたしが述べたように、男性はアニマをかなり決まった風に描いている。それゆえ、あらゆる時代の多様な女性のコレクションの中から、男性はもっともアニマ・タイプに近い女性を選び出すことができる。しかし、概して、アニムスが何であるかを、女性に理解させるのは、これまでのところ非常に困難であった。アニムス人格について何か決まったことを言ってくれるような女性には出会ったことがない(23)。

ユングがアニムスということで何を言おうとしているのかが女性に理解しにくいのは、たぶん、彼がアニムスを仮説として出している（アニムスは女性の体験から生じたのではない）からだけでなく、女性の魂について疑っているように見えるからでもあろう。

　これらの異性の「人格」の投影とそれらによる憑依には独特の性質がある。異性の元型的イメージの投影は、普通は恋に陥ることとして体験されるが、いずれはその投影が撤回されねばならなくなる。異性の人格に取り憑かれることには、それ自身の典型的な性質がある。男性の無意識の女性イメージであるために、アニマは男性の中では「劣等な」女性人格として機能しうる。それゆえ、自分のアニマに取り憑かれた男性は「劣等な女性」（これらの用語はすべてユング

のものである）のように振る舞う。これは，ステレオタイプとして男性にではなく女性に許されているいくつかのあり方で行動するということであろう。たとえば，叫んだり，不機嫌になったり，拗ねたり，涙っぽくなったり，哀れっぽくなったり，そうでなければ感情的になるという風に。アニマに取り憑かれている男性は感情を制御できなくなり，感情に完全に支配されてしまうと，ユングは感じた。反対に，アニムスに取り憑かれた女性は，「劣等な男性」のように振る舞う。ユングによれば，これは，女性が金切り声で自分の意見の正当性を頑固に言い張るということである。論理と事実という男性の世界に不慣れなため，この領域に入ると女性は場違いなことをする。男性も同じように感情の世界では無能である。アニマに取り憑かれた男性は「気分にむらがあり」，一方，「アニムスに取り憑かれた」女性は「がみがみ女」である。これら二つの「コンプレックス」はしばしば互いを正確に表す。このアニマとアニムスのやりとりを典型的に描き出すと，うるさく小言を言う女と萎縮している男ということになる。第6章でこの「アニムスに取り憑かれた」女性という表現をフェミニズムの立場から批判的にくわしく考察したいと思う。

　影と同様に，統合されていないアニマとアニムスも劣等機能の性質を持つ傾向がある。たとえば，ある男性がもともと「思考タイプ」であるなら，そのアニマは「感情タイプ」であろう。投影は「感情タイプ」の女性に恋するということになろう。その女性はできるだけ長い間，彼のために感情機能を「になって」くれるからである。アニマに取り憑かれた男性は「劣等感情」のとりこになる。最後に，アニマを統合することで男性は感情にアクセスできるようになろう。これこそ，わたしたちの社会が強めている典型的な布置なのである。もし，ある男性が自分自身「感情タイプ」であり，それゆえ，彼のアニマが「思考タイプ」ということであれば，話はややこしくなる。というのは，その場合，彼のアニマはその男性を明快で焦点の定まった思考へと導くだろうからである。この首尾一貫していない点は理論においてはまだ十分に検討されていない。なぜなら，アニマの統合はつねに魂，感情と関係性の統合だからである。アニムスの場合も似たようなことが言える。もしも女性がもともと「感情タイプ」であるならば，彼女のアニムス像は「思考タイプ」になり，彼女はそれを男性た

ちに投影するであろう。アニムスに取り憑かれるということは、劣等な思考のとりこになるということである。そして、アニムスの統合とは、女性が自分の思考機能を統合し、優雅に使うということである。ここでもまたそうだが、当人のタイプが父権的社会で好まれる女性のタイプと男性のタイプにマッチしなければ、その人物をうまく描けなくなる。

　異性のイメージを統合することにより、男性も女性も反対の性に属すると考えられる性質にアクセスできるようになる。ユングはしばしば、アニマとアニムスを「無意識への通路」と描写している。ベアトリーチェがダンテを導いたように、また、ユングが「無意識との出会い」のさなかに出会った若い女性のイメージであるザロメが彼に指示を与えたように、アニマは男性を深層へと導き入れると考えられた。ユングは、しばしばアニマを「彼女」と呼ぶが、このように言うことによって彼は、このイメージに自分がどのように自律性を与えているかを具体的に示している。このイメージは彼の初期の研究に出てくる「自律的人格」を思い出させる。アニマは男性にとって、一人の現実の女性として現れることもあれば、男性の夢や空想に女性のイメージとして現れることもある。「彼女」はそそのかし、誘惑し、魅了し、引きつけ、そして危険にさらしさえする心的実在である。「彼女」のために、男性は無意識の内に入ることを余儀なくされる。「彼女」はまた、男性がそうすることを「彼女」に許すなら、彼女は彼を感情、関係、感覚の未踏の深みに導き入れる。アニムスも同じ原理で機能する。「彼」(もしくは「彼ら」、というのはこれから見てゆくように、アニムスは複数と考えられるからである)は女性にとって、導きの光、焦点を合わせる能力、思考の明晰さ、精密さと分析能力となる。統合されたアニムスに導かれて女性は霊の世界、博識、そして言葉の力に入ってゆく。

　ユングは、アニマが単数であるのに対して、アニムスが複数であることを補償の原理で説明している。「意識的には」、すなわち「外界での生活では」、一人の男性は複数の女性たちと関係を持っている。したがって、無意識では、一つの根本的な女性イメージが支配している。女性には反対のことが当てはまる。ユンギアンがいうように、「意識的には」、もしくは「この世界で」女性は一夫一婦主義が普通である。したがって、彼女の無意識のなかでは、複数のアニム

第4章　個性化と内なるキャラクターたち　91

ス像が存在する。どちらの場合にも，無意識が実際の生を補償しており，男性の憧れは単一のアニマ・イメージに絞られており，女性の憧れは複数の男性イメージに向けられている。このようにバランスモデルを男性と女性とでそれぞれ別々に枝分かれさせることによって，両性間の不平等な社会的状況が元型的に正当化されていることは明らかである。

　これらのすべての記述に，自然なバランスというユングの思いこみが見られる。このバランスの観念は，彼がいくつかの主張をするときにものを言っている。最も顕著なものは，意識的人格に欠如しているものが無意識によって供給されるという主張である。支配的なパラダイムとしての対立，補償，バランスという観念によって，ユングとユンギアンたちはこれまで，女性たちを貶める文化においてはアニマとアニムスが必然的にアンバランスになるということを軽視しがちであった。しかし，彼らはこの次元を完全に無視してきたわけではない。たとえば，ヨランデ・ヤコービは，女性心理とアニムスの力に関する議論の中で，これらのイメージに父権制が刷り込まれていることを認めている。「わたしたちの西洋文明が父権的方向で発展した結果，女性もまた，男性的なるものそれ自体が女性的なるものより価値があると考える傾向にあり，この態度がアニムスの勢力をいやますのである」。しかしながら，ヤコービはこの洞察を深めない。本性という理屈に逆戻りして次のように議論をつづけるのである。「しかし，ちょうど男性がその本性からして，エロスの領域では不確かなように，女性はロゴスの領域では常に不安定である。女性がアニムスに関して克服せねばならないものは，プライドではなく，惰性と自信の欠如である[24]」。それなら，女性はその本性からいってロゴスの領域では自信を欠いており，もともと惰性的なのだろうか？　ヤコービは，自然の法則に訴えることによって，わたしたちの父権的文化が女性の発達にもたらしたものについての自分の洞察が意味していることに背を向けてそれから離れてしまっている。西洋の父権制がもたらしたものについてのはじめの方での自分の洞察を大切にしていたなら，女性の惰性と自信欠如に関する彼女の説明はより一貫したものになっていたであろう。

　実際には，わたしたちはさらに洞察を進めると，次のように考えられるよう

になる。すなわち，バランスの幻影に関する理論を構築することは，父権制に存在するジェンダーのアンバランスを覆い隠す働きをしているのだ，と。かりにわたしたちの社会で男女両性が心理的にも社会的にもシンメトリー（左右対称）の関係にあるということが事実であるならば，心の「他の面」を実現することは正しいということになろう。しかし，わたしたちは実際には社会とジェンダーが根本的にアシンメトリー（非対称）の状況に生きているのだから，人生のゴールとしてバランスの幻影を求めることは，両性間の不平等という社会的問題を回避し，それによってこれを是認することになる。

個性化の過程において中心的に成し遂げねばならないのは，アニマとアニムスの観点から距離をとり，かつ，それらを組み込むことである。究極的には，個性化とは自らの自己（self）になることである。興味深いことに，ユングは，人が「なる」「自己（self）」を元型的イメージとしても語っている。実際は，自己は一つの元型的イメージ（ただし，すべてのプロセスを支配するイメージだが）であるから，人はそれに「なる」よりはむしろ，それが現れるにまかせるのである。ユングは自己を，一方では，「心の中点」と呼ぶ。つまり，それが「意識と無意識の中間」であり，心全体を包括する全体性の元型的イメージだという。他方で，ユングは自己を「心の中心にして円周」とも記述している。この種の言い方は紛れもなく宗教的である。

> わたしはこの中心を**自己**と呼んできた。知的に理解するならば，自己は心理学的概念でしかない。すなわち，それ自体として把握できない不可知の本質を言い表すのに役立てられる構成概念なのである。なぜなら，定義からいって，それはわたしたちの理解力を越えているものだからである。「わたしたちのうちなる神」と呼んでも差し支えなかろう。わたしたちの心的生活全体の始まりはこの点に抜きがたく根ざしているように見える。そしてまた，わたしたちの最高で究極の目的はすべてそれに向けて努力することのように思われる。いつものことながら，わたしたちが自分の理解力を越えて存在する何かを定義しようとするときにこの逆説は避けられない。[25]

ユングは自我を自己から区別し，またしても，自己の宗教的性質と，ジェイ

ムズ・ヒルマンが指摘するように、ユングの究極的には一神教的といえるスタンスを明らかにしている。自我の必然的に制限された見地を越えてゆくと、東西両方の宗教の目標が想い起こさせられるようになる。「自我はわたしの意識の僕にすぎないが、自己はわたしの心全体の主体であり、無意識をも含んでいる」[26]。

『アイオーン』のなかで、ユングは自己の元型的イメージを他のあらゆる元型的イメージを含むものとして述べている。彼はまたしても、自己を神のイメージに結びつける。「統一性と全体性はもろもろの客観的価値のスケールでは最高の点に位置する。なぜなら、それらの象徴はもはや神の像（imago Dei）から区別することができないからである」[27]。自己の（そして、それに対応して、神の）種々の象徴は、四性（quarternity）、マンダラ、花、樹木、山々、湖、蛇、鳥、象、そして馬から老賢者、女老賢者、錬金術の王と王妃、そしてキリストにまでわたっている。キリストは、ユングにとって自己の象徴のようでもあるが、まだそうでもないようにも見える。本質的には、キリストが悪の次元を欠いており、そのため完全な自己の象徴でありえないとユングは感じていた。ユングは完全な象徴を求めて、キリストを反キリストと結びつけることがある。なぜなら、自己は対立物のコンプレクシオ（complexio、複合）あるいは結合（coniunctio）だからである。

> 経験的な自己においては、光と影は一つの逆説的な統一をなしている。一方、キリスト教の概念では、元型は絶望的に二つの和解しえない半分に分裂し、究極的には形而上学的な二元論へと通じてゆく。つまり、呪われた者らの火炎の世界から天国が最終的に切り離されるのである。心理学的には、その意味は明白である。キリストの教義上の形姿はあまりに崇高でしみ一つないため、他のものはすべて暗やみへと追いやられてしまうのである。実際、それはあまりに一面的に完全なため、バランスを回復するためには心の補完物を要求することになる[28]。

ユングは、結合の本質を『転移の心理学』と題されたエッセイの中で十二分

に説明している。ここで彼は16世紀における錬金術の実践を20世紀における分析心理学の発見にたとえている。グノーシス主義やキリスト教の他の「非正統的」流れにおける類似点にも言及している。錬金術の中心的プロセスは，卑しい諸要素を黄金に変えることであった。ユングはこのプロセスが個性化で起こる変容に似ていると信じた。彼は分析家と患者の間の転移を，錬金術において王と王妃の間で起こる結合（より具体的に言えば，聖なる結婚，ヒエロスガモスhierosgamos）(訳注3)にたとえている（太陽と月によっても象徴されるが，王と王妃は，ユングが自己を表しているものとみなした錬金術の中心的なイメージである）。「錬金術の歴史においてヒエロスガモスと神秘的結婚および結合は重要な役割を果たしていたが，これは，一方では，心理療法において，また他方では普通の人間関係の領域において転移が中心的な意味を持っていることに対応する(29)」。

このエッセイの肝心な点は結合，すなわち，王と王妃が性行為の間，一緒に入浴することが中心的重要性を持つということである。ユングはこの行為の意味を，対立しあうものが一緒になるということだと理解した。それは，魂を作る（soul-making）プロセスにおいてきわめて重要な行為だというのである。この結合はあまりに激烈なので，そこから直ちに王と王妃が死ぬことになる。ユングはこれを個性化の過程における自我の死に結びつける。その結果として自己の誕生が起こる。フロイトは霊性（spirituality）を性的なものにしているという理由でしばしば批判されてきた。ここで，王と王妃の間の性行為をきわめてエロチックに描くことで，ユングは正反対のこと，すなわち，性を霊的なものにしていると見ることができる。心理治療中に分析家と患者の間で起こる転移に「布置される（constellated）」この中心的プロセスを言い表すためにユングは強力な性的イメージ体系を選んでいる。だが，その場合，はっきりとした性的な意味あいを認めているのでもなければ，議論もしていない。そのために，ユングが分析家と患者の性交を適切なものであると信じていたのかどうかという疑問は残る。(訳注4)この転移現象についてのユングの説明はきわめてあいまいで，たいていの場合は心のなかのプロセスを示唆しているが，それでも，個人間のプロセスを示唆しているときもある。

主要な事実は状況の**主観的体験**である。言葉を換えれば，パートナーとの個人的レベルでの取り組みこそ最も重要な役割を果たしているのだと信じることは誤りなのである。・・・結合も，個人レベルでのパートナーとの間で起こるのではない。それは，女性の能動的で男性的な側面（アニムス）と男性の受動的で女性的な側面（アニマ）との間でなされるロイヤル・ゲーム（王族の遊び）である。この二つの形姿は，たえず自我を誘惑して，自我がそれらに同一化するようにし向けるが，個人的レベルにおいてさえ，真の理解は，その同一化が拒否される場合にしか可能でない。同一化しないためには，かなりの道徳的努力が要請される。・・・このロイヤル・ゲームにおける個人的な主役たちは，それが根本的には元型的形姿の「超主観的」合一を表しているということを常に心得ていなければならない。それが完全な個性化を目標とする**象徴的関係**であるということはけっして忘れられてはならない。[30]

一見，心のなかのダイナミックス内部に結合を確立したように見えるが，この段階で転移に関して行なわれることが，ある困難な道徳的問題になるということをユングはほのめかす。エロチックな要素があまりに強くなるので，ある困難な選択がなされねばならず，どちらを選択しても完全に正しいということにはならないということを，ユングの言葉は言いたげである。彼は，その選択が何であるかを詳細に述べていない。「正しい道は，誤った道と同様に，それなりの報いを受けねばならない」。ユングが言うには，個性化は自然に反する作業（opus contra naturam）を要求する。彼が言うように，「近親姦は自然に反することであるが，激しい欲望に屈しないということも自然に反することである」[31]。ユングはいかなる道徳的葛藤のことを指しているのであろうか。（普通は男性の）分析家と（普通は女性の）患者との間のセックスに対する欲望があまりに激しくなるために，どちらの道を選んでも「自然に反する」ということをユングは本当に言っているのだろうか。この点から，ユングは，霊的な面と心の内部の面からこの葛藤の議論をすすめる。「全体性へのこの欲求が現われる時にはいつでも，それは近親姦の象徴体系のもとで自らを偽装することから始まる」[32]。

個性化における次のステップは自我が死に瀕することである。「人格が非常

に拡大するので，正常な自我人格はなくなったも同然になる」。この後，肯定的にしろ否定的にしろ，自我の肥大が起こる。ユングは肯定的な肥大を誇大妄想狂に，否定的な肥大を自我の消滅になぞらえる。いずれの場合も，新たな布置が今や誕生することになる。これをユングは「自然な象徴（natural symbol）」，自己と呼ぶ。彼はまたこれを「上位人格（supraordinate personality）」とも呼ぶ。「どんな仕事でもこなすこの全能の存在が自己にほかならない。自己はこの作業の中に姿を現そうとする。そして，この理由から，この作業は個性化のプロセス，自己の生成となるのである」。

　自己のこの誕生において性の象徴体系が中心的な意味を持っていることに注目されたい。わたしがユング心理学を教えてきたクラスのゲイの学生たちは，このモデルの異性愛主義を指摘し，個性化のこの中心的側面が自分たちに当てはまるのかどうか，もし当てはまるのなら，どのように当てはまるかを問題にしてきた。転移の議論に含まれる他の問題はわたしにも気になる。現在知られているように，ユングは少なくとも2人の女性クライエント，ザビーナ・シュピールラインとトーニ・ヴォルフと恋愛関係にあった。また，ヴォルフとユングとの関係は長く続き，性的なものであったことも知られている。わたしは彼らの関係の質についていかなる判断もくださない。わたしが指摘したいのは次のことである。すなわち，これら二つの分析的関係を知ることにより，ユングは，自分の象徴体系の中で，分析家と患者の性的親密さへの欲望のことを実際に云々しているのではないかという疑念がそれだけ強まるということである。とりわけ，分析家たちがどれほど頻々と自分の患者と性的関係をもつかが知られている今となってはそうだが，わたしたちがどういう文脈のもとで暮らしているかを考えれば，ガイドラインが必要であるように思われる。分析家と患者のセックスという問題をそのままにしていることに加えて，ユングは錬金術における結合についてロマンチックに議論し，その中心的プロセスを分析における転移になぞらえることで，分析家と患者の関係における力の格差についての考察を省いている。もしも，ある男性の分析家が女性の患者と，たとえいちゃついたりするだけでもそうだが，ましてや性交するなら，男性分析家は，男性にとって魅力的であるということに自分の価値を見出すようにと彼女を社会的

に条件づけてゆくことになろう。彼女が性的に魅力があるということをこのように確認したところで，彼女がまともな人間になるうえでなんの助けにもならないであろう。というのは，女性の中で内面化された抑圧を問題にしないいかなる治療も女性の心を解放する治療ではないからである。

　ユングが言いたいのは，全体性への衝動の本質が人格の「男性」的側面と「女性」的側面を一つにすることだということである。このプロセスを最後までやり通すと，新しい状態が達成される。ユング心理学における「葛藤」の言語と「調和」の言語の間の緊張に関して先に検討した場合もそうだったが，ここでも「状態としての自己」と「プロセスとしての自己」の間の曖昧さがまだ解決されていない。ときどき，ユングは自己がわたしたちの人生の「目標」だと言う。そうなると，「状態としての自己」という読み方に重みがかかる。「自己は内面と外面の葛藤の一種の補償として特徴づけられよう。この定式化は不適切ではなかろう。なぜなら，自己は何かしら，ある結果，ある到達された目標という性格を持っており，きわめて緩やかに生起し，大変な苦労をして体験される何かだからである(35)」。この読み方とバランスをとるのはユングの他の発言である。そこでは，彼は，人生の矛盾がけっして一挙に解決されないと強調しているのである。「(対立しあうものと矛盾しあうもの)によってたえず人格の統一性を脅かされ，それらの二分法で人生は何度も何度ももつれてしまう(36)」。おそらく自己の「プロセス」的，あるいは「ダイナミック」な読み方をもっと示唆していると考えられるのは，以下の言葉である。「ここで，わたしたちは客観的な心における非常に重要な〈核となるプロセス〉に取り組んでいる。それは，目標志向的な心のプロセスが，見たところいかなる外的な刺激もなしに，それ自身から設定する〈目標のイメージ〉とでもいうべきものである(37)」。実際，もしユングが自己を神に等しいものとしているのなら(彼は，たとえ終始一貫しておらず，もしくは神学的にではないとしても，それに近い扱いを確かに行なっている)，神と同様に自己も到達できないように見えるであろう。それゆえ，この「ダイナミック」な読み方の方が適切であるように思われるであろう。

　これに先だって自己の元型的イメージに関して議論しているところでは，ユングの言葉は隠喩的，暗示的で，宗教的である。しかし，彼は自分の「心の地

図」が客観的，経験的，そして科学的であると理解していた。実際，ユングは分析心理学の経験的性格を擁護するのに大いに骨を折った。『心理学と宗教——西と東』の冒頭で，彼はこう述べている。「わたしはしばしば哲学者と呼ばれてきたが，実際は経験主義者であり(訳注5)，現象学的立場(訳注6)を固持するものである」[38]。

自分を経験主義者であると呼ぶことにより，ユングは自らを哲学者と神学者から区別し，自分の仕事を自然科学の中に位置づけた。「哲学的な立場からすれば，わたしの経験的概念は論理の怪物となろうし，また，哲学者としては，わたしはまったくみすぼらしく見えることであろう」[39]。さらに自分の方法について述べるなかで，ユングは以下のように言う。「この立場はもっぱら現象学的である。すなわち，それは心に思い浮かぶこと，出来事，体験，一言で言えば，事実に関心を払っている」[40]。しかし，ユングが「事実」という言葉で言おうとするのは，すでに合意された定義から出発している。自分が科学者だというユングは，自分の「第一の関心が心的事実の立証である」[41]と述べる。「心的」という語を使えば，観察可能なデータの物質的レベルから「事実」が取り除かれるように思われるであろう。しかしながら，ユングにとっては，「心的」と「事実」の間には何の矛盾も存在しない。心は現実的なものの領域なのである。「それどころか，物質的存在は単なる推論にすぎないといっても差し支えなかろう。というのも，わたしたちは感覚によって媒介された心的イメージを知覚するかぎりにおいてしか物質について知らないからである。・・・心は存在するだけではなく，それは存在自身なのである」[42]。

それなら，ユングは彼の「経験主義」ということで正確には何を言おうとしたのだろうか。ユングの批判者たちはしばしば，ユングが経験的でないということで攻撃し，ユングは再三再四その非難に反駁した。ユングはよく例として言語連想実験を引用した。それは彼が行なったもっとも実験的で，反復可能であり，実証可能な仕事である。しかし，それからユングは自分を批判する者たちについての議論のレベルを切り替えるために「心的事実」について語り，そのために結局彼らの懐疑を固めることになった。しかし，実際のところ，ユングは通常の二つの意味で，経験主義者であった。彼は，初期の仕事を自分自身

の体験にだけでなく，観察と実験（精神病患者に対する言語連想検査と実験的研究）にも基づかせていた。しかし，ユングの後の方法は現象学的であった。彼は，たとえば無数の夢など，大量のデータを蓄積し，そしてそれらを比較し，普遍的なテーマとモチーフを見出した。ここから彼は自分のモデル，元型を打ち立てたのである。

　以上のすべてと同じぐらいに混乱させることだが，ユングの方法は，見かけほどには反科学的ではない。科学における方法に関する議論において，アイアン・バーバーは，以下のことを指摘している。（個別的なものから一般化することでデータに即していると考えられる）帰納の理想は，科学者が実際に行なっていることを満足には説明してくれないというのである。

> 単にデータを蓄積したり，事実を羅列するだけでは科学的理論は産み出されない。・・・理論的用語は，データによって示唆されるかもしれないが，自然からわたしたちにけっして直接的に与えられない**心的構成概念**なのである。データのそれとは論理的に異なった地位を持ち，それゆえ，単にデータを要約するだけでは達成できないようなタイプの説明を提供する。経験主義の伝統が科学における諸概念と諸理論の役割を適切に表したことはこれまで一度もない。[43]

科学に対するユングの理解はバーバーのそれに非常に近いものであった。「単に体験を蓄積して分類するだけにとどまらないある種の反省を折にふれて行なうならば，それが科学的経験主義の原理と葛藤しないものとわたしは信じている」[44]。ユングは，（神秘主義者でものごとを曖昧にしてしまう人間だという非難に対して，）しばしば自分の方法論を現象学的で，経験主義的だとして擁護する一方で，普通に理解されている経験主義の限界に気づいていた。真の科学的精神において，ユングには，より適切な表現が現れたときにはいつでも自分の種々の理論的構成概念を棄てる用意があった。

> あらゆる経験科学と同様に心理学も補助概念，仮説，モデルなしにはやってゆけない。しかし，哲学者だけでなく神学者も，それらを形而上学的公理と誤っ

てとらえがちである。物理学者の言う原子は**実体**ではなく、**モデル**なのである。同じように、元型あるいは心的エネルギーというわたしの概念も、いつでもよりすぐれた公式に置き換えることのできる補助観念にすぎない。(45)

ユングの仕事は宗教と科学の交差するところに位置している。境界にある仕事はみな、両方の側からの批判にさらされやすい。というのも、どちらの側からも他方に属するもののように見え、どちらからも承認されないからである。結局は、特に後年はそうだが、ユングは、初期にはあれほど熱心に擁護していた経験的観点の限界を故意に越えたようにわたしには思われる。このことは自己に関する後期の言葉に明らかである。

わたしたちの心理学的探求はここでストップしなければならないように思われる。というのも、自己の観念はそれ自体、心理学的に正当化できるにせよ、科学的証明を許さない一つの超越的な公理だからである。科学を超えるこのステップは、わたしが描こうと努めてきた心理的発達には無条件に要求されることである。なぜなら、この公理がなければ経験的に生起する心的プロセスを適切に定式化できないだろうからである。(46)

フェミニズムの見地からすると、ユングの宗教的なスタンスも研究における科学的原理へのこだわりもともに問題にするに値する。なぜなら、ジェンダーについて無意識的に思いこんでいることが宗教と科学の双方にこっそりと入り込んでいるからである。父権的な宗教は超越的で啓示されたものとして、それゆえ、人間的な批判が及ばないものとして受け入れられてきている。父権的科学は経験的研究の原則に立脚してきており、科学者には、ジェンダーに関する思いこみがひょっとしてデータ、研究方法、結果の選択に影響を及ぼしてはいないだろうかということに対する自覚がない。ユング心理学は宗教でもあり、かつ、科学でもあるために、たとえそれがその両方に結びつけられることによって信用を失っても、「女性的なるもの」と女性についてのユングの発言は事実上、確固とした基盤、すなわち、一方では「聖なる」基盤、他方では「体験という」基盤の上に立っていられるのである。

次の章で，ユング心理学の宗教的性格をより深く検討したいと思う。この検討は，それが宗教的な性格のものだという理由で彼の仕事の「仮面を剝ぐ」ことを意図しているのではない。むしろ逆に，ユング心理学の霊的な深さは，そのもっとも強力な手札の一つなのである。わたしの意図は，ユング心理学の宗教的性格をより明確に抜き出すことにある。それによって理解できるようになると期待されるのは，その聖なる土台であり，それゆえ，女性に関するユングのいくつかの思いこみが，どうして批判を許さないものになるか，ということである。

第 5 章

体験こそ聖なり

宗教としてのユング心理学

　学者たちは以前からユング心理学の宗教的性格に注目してきた。（主としてキリスト教だが，すべてがそうだというわけではない）神学者たちはユングと取り組んできた。ユングに対する彼らの反応は典型的な両極化を辿っており，全面的な賛成から厳しい懐疑にまでわたっている。クリフォード・A・ブラウンによれば，評価は非常にさまざまだが，批判者たちはみな，ユングが神学と心理学の認識論上の境界を踏み越えているという点で彼を非難している。これらの批判者は，カトリックの神父，ヴィクター・ホワイト（はじめは受け入れていたが，後に反対するようになった）から，高名なユダヤ教神学者で哲学者のマルティン・ブーバーにまでわたっている。皆，ユングの「神についての話」（神についての言語）に焦点を当てており，彼がカントの認識論に都合よく頼っている点を問題にする。すなわち，自分の心理学を哲学的に「正当化する」のに都合が良いときにカントを用いるのだが，哲学の境界全体を無視しているというのである。わたしたちもまた，ユングの「神についての話」に焦点を当ててゆこう。なぜなら，それは彼の心理学と彼の心理宗教的ジレンマの核心へと入り込んでゆくユニークな通路だからである。

著作の至るところで，ユングはイマヌエル・カントの仕事に肯定的に言及している。とりわけ，自分の中心的な考えである元型，そして特に神元型の確証をもとめてカントに依拠している。カントに言及するのはほとんどいつも，自分の仕事が「形而上学的」だという誤解を免れようとするときである。彼は形而上学的なものとのいかなる結びつきをも終始一貫して拒否し，自分の立場が心理学的で経験的であるということを繰り返し述べた。

　　知性ある人なら誰でもわかることですが，わたしが心理的に体験できることに満足し，形而上学的なものを拒否しているからといって，より高次な力への信仰と信頼に向けられた懐疑論や不可知論を臭わせているのではありません。私のスタンスは，カントが物自体を「単なる否定的境界概念」と呼んだときに彼が言おうとしているものとほぼ同じです。超越的なものに関する発言はいずれも避けねばなりません。なぜなら，それは，自らの限界に気づいていない人間の心の側で起きている馬鹿げた自惚れだからです。(2)

　ジェイムズ・ハイジックは次のように記している。「少なくともユングにとっては満足なことであったが，カントは〈アプリオリな認知構造によってすでに把握され，制限されていないような，経験的認識などありえない〉ということをすでに証明していた」。カントの証明はユングには，「意識的，無意識的を問わず，あらゆる体験の条件となり」，遺伝され，集合的な心の構造という自分の概念への道を敷いてくれるように思われた。ユングは，「物自体」よりはむしろイメージの優位を主張するために一貫してカントに依拠しており，自分自身の仕事とカントのそれとの間の類似を限界ぎりぎりまで追求したがっていたことは明らかである。「したがって，カントの言葉を借りるなら，元型は，直観が知覚し，そして知覚することで創造するイメージのヌーメノン（Noumenon）である」。ユングが自分自身の考えを正当化するために，カントによって注意深く練り上げられた哲学的範疇を我がものにしたがっていたことをさらに証拠だてる事実は，ユングの「神についての話」の中に見られるであろう。とりわけユングが哲学とのいかなる結びつきをもたびたび拒否している

ことからいってそうだが，ユングがカントを用いることで彼の批判者たちはいらいらさせられた。

　ユングに対する最も思慮に富んだ批判者の一人はマルティン・ブーバーである。彼の議論は，ユングの言う「カント的認識論」の急所を特殊な仕方で突いている。すなわち，彼は，心的なものと宗教的なものの区別を取り壊しているということでユングを批判するのである。ユングは，かたくななまでにイメージに集中し，形而上学的なものについてはどんなことでも語るのを拒否している。そのために，ブーバーには，それによってユングが「心的内在の宗教」を宣言し，心理学を宗教と混同していると感じられる。ブーバーにとっては，もしもユングの「神」が，集合的無意識の中の一つの元型にすぎないとするならば，ユングは神の基本的側面，すなわち神が他者であることを消し去ったことになるのである。ブーバーの神は，超越的でかつ内在的なものであり，一方のために他方を失うことは神を失うということである(6)。ユングの心理学自体は一つの新たな宗教だとブーバーは主張する。「要するに，この新しい心理学は自分が〈世界観ではなく科学だ〉と抗弁するが，それはもはや，宗教の解釈者の役割に甘んじてはいない。それは新しい宗教，なお真実でありうる唯一の宗教，純粋な心的内在の宗教を公言しているのである(7)」。思うに，ユング自身はこれに同意しなかったであろうが，ユングの心理学が一つの宗教だというブーバーの主張を支持しても間違いではなかろう。

　批判者とほとんど同じ数の神学者がユングを支持している。その一人，ハンス・シェーアは，1940年代後半に折りに触れてユング研究所で講義を行なったスイスのプロテスタント神学者である。認識論上の境界を越えたということでユングを批判するどころか，シェーアは，ユングの宗教心理学（彼による宗教，とりわけキリスト教の心理学的説明）がキリスト教を停滞から救い，宗教的プロセス全体を鮮やかに照らしだすものだと感じていた。シェーアにとって，ユングの個性化の概念は宗教的人生航路を説明するものであった。驚くべきことに，シェーアは，ユングの心理学が完全にキリスト教と両立できると信じていた。ユングの神の概念を検討すると，なぜこの意見が「驚くべきこと」かが，もっとはっきりとする。ブーバーが論じるように，そしてわたしもそれに同意する

のだが，ユング心理学は，伝統的宗教を単に照らし出すものであるよりはむしろそれと競争するものになることで終わるかもしれない。この点をシェーアは見落としているのである。

　ナオミ・ゴールデンバーグも，ユングの心理学が一つの宗教であると非難する者らに声を合わせる。あるいは，ゴールデンバーグが言うように，ユングは，「一つの宗教のように機能するような心理学を構築しようとした」。(8) ただし，その心理学はおそらく宗教と同じだというわけではなかろう。ピーター・ホーマンズは，ユングの心理学が「古典的なキリスト教に真に代わるものだが，それはずいぶん以前に本来の教義を生み出した体験の母体から発展してきたものである」(9) と主張する。ホーマンズが特に注目するのは，ユングが投影の撤回を唱えることで新しい心理的な諸力を活性化させ，さらにその諸力が意識化され，統合されうるという点である。「この意味において，しかし，この意味においてだけだが，ユングは，自分自身の観念体系に，機能的には伝統的信仰体系に等価な意義を認めている」(10)。

　この章でわたしは，ユングの心理学が宗教のように機能しているのみならず，その言葉のいくつかの意味でそれが実際に宗教であることを示すつもりである。どちらの主張もユングを喜ばせるものではなかろうが，その両方を裏書きする証拠は彼自身の発言から得ることができる。ユングによる宗教の定義，神の理解，そして「神についての話」から始めよう。それから，自己の元型的イメージとその宗教的性格，そしてユングの元型自体の概念をより深く見てゆこう。

　ユング心理学の宗教性に留意することは，ユングの概念のいくつかがいかに深く確立されているかを理解する上で欠かせない。第2章で論じたように，男性中心主義が「物事の本来のありよう」であるかに見えるということだけでは，分析心理学がなぜ変化に対して抵抗するかは理解できない。かりにユングの心理学が一つの宗教であるならば，それ自身，一つの象徴体系として存在し，その創始者に「啓示」されたもの，すなわち発明されたのではなくて発見されたものである。その結果，ユング心理学は神聖不可侵の基盤に基づくものとなる。多くの心理学は人生に意味と方向性と秩序を与えるが，聖なるものとの結びつきという点で，分析心理学は抜きんでている。このように聖なるものに結びつ

けられることで分析心理学は，宗教とまったく同じ仕方でその信奉者のニーズに応えるのである。もろもろの出来事，イメージ，そして感情は，分析心理学の原理に基づいて説明されるとき，宇宙的秩序の中にその位置を占める。伝統的宗教のイメージに取って代わるユング心理学の原初的なイメージは，理論のレベルでは，聖なる性質にあずかっている。実践のレベルでは，患者はおそらく原初的イメージをヌーメン的で変容させる力があるものとして体験するであろう。たいていの心理学とちがい，ユング心理学は真理を公言しない（もっとも，それに従うことによって人は自分なりの真理を発見できるが）。しかし，ユング心理学は，多くの心理学，とりわけより実証主義の境界にこだわる心理学より，真理への「道」により近いものとなる。この点からも，なぜ，その信奉者がユング心理学に対して献身的になるかがわかる。これらすべての理由から，宗教の教義のように，ユング心理学も変化と批判に抵抗する。ユング自身は教義に対して非常に敵対していたのだから皮肉なものである。

　以下の分析においてわたしは，ユングが意識的に一つの宗教体系を創るつもりだったと主張しているわけではない。彼が経験主義に関して繰り返し発言していることは，科学者の集団に属したいという彼の欲求がいかに強かったかの証言となる。さらに，神秘主義者とみなされることに彼があからさまにいらだっていたことを疑う理由はどこにもない。わたしがのぞき込もうとしているのは，「亀裂の中」であり，亀裂についてのユングの意識的な意図や発言の中ではない。「亀裂」の中をのぞき込むとは，いくつかの混乱の領域を検討するということである。たとえば，神と自己の元型的イメージについてのユングの話は，しばしば「曖昧」で「混乱」している（もっとも，それだからといってユンギアンにとっては意味がないわけではないが）。この同じ「曖昧さ」は彼の元型概念に特徴的である。少なくとも，ユングが元型をイメージと区別した1946年まではそうである。ユングとユンギアンに好まれるものだが，どんなに寛大に解釈しても，これらの説明は依然として「逆説的である」。しかし，ユングの「神についての話」が何かしら内的に矛盾しているのは，それがユング自身にとって「コンプレックスの核心」を表しているからではなかろうか。これらの宗教的領域こそ，ユング自身の探求と欲求が最も強くて，最も体験によって決定づ

けられ，それゆえ，最も不明瞭な領域である。そして，この明確さの欠如が分析心理学に投げ込まれたのである。

　さまざまな学問の研究者たちは宗教を広くさまざまに定義してきた。神学者と哲学者だけでなく，人類学者，社会学者，そして心理学者もみな，自分たちの立場を明らかにする定義で宗教を縛りつけようとする。ユングはこの定義の領域に臆面もなく心理学者として参入し，心理学の眼鏡を通して宗教を見ている。奇妙なことに，そして思うに，意図せずして，彼の差し出す宗教の定義によって分析心理学そのものが宗教として確立されるのである。これを裏づけるために，第3章で引用したが，1910年2月11日付でフロイトにあてて書かれたユングの手紙に立ち返ることができる。「宗教は宗教によってしか置き換えることができません。・・・キリスト教の二千年はこれに等価な何かではじめて置き換えることができるのです」。ユングは，不合理的な次元を宗教に取り戻そうというルードルフ・オットーの努力に非常に感銘を受け，分析の仕事において不合理的なもの，あるいはヌーミノースム（numinosum）（聖なるものを意味するオットーの用語）が中心的な位置を占めていることに注目した。ヌーメン的なるものに出会うと人間は「畏怖，圧倒される感じ，エネルギーと切迫感」の要素を感じるとオットーは述べている。このテーマについてユングは次のように言う。

　　宗教はわたしにとって，religio という語のもともとの意味に従って定式化できるある特殊な心の態度であるように思われます。それは，以下のものを**注意深く考慮し，観察すること**を意味します。すなわち，**もろもろの力，霊，デーモン，神，法，観念，理想と考えられるある種のダイナミックな諸要素**，あるいは，どのような名前を与えるにせよ，慎重に考慮しなければならないほどに力強く，危険で，もしくは助けになるか，あるいは，献身的に崇拝し，愛さねばならないほどに壮大で，美しくて，意味深いと思われる世界の諸要因です。[11]

　同じ作品のさらに先で，ユングはより一般的な定義を与えている。「宗教的体験とは，その内容が何であれ，最高の価値を付与されるような種類の体験だ

と定義できるでしょう」[12]。この二つ目の定義に従えば，それがブッダであれ，キリストであれ，金銭への愛であれ，異性への執念であれ，あるいは分析心理学であれ，もしそれに最高の価値が付与されるのであれば，それが宗教だということになる。第一の定義でユングが伝えていることの方が，より興味深く，より尋常ならざるものである。それは具体的にはユング派の分析で患者に求められる態度に当てはまる。ユングは，何であれ，人の心をとらえ，強いるものにどのような性質の注意が払われるかを強調する。彼が religio という言葉を使うことは，ある種の距離を意味している。それは，一歩退いて，自分を圧倒する恐れのあるもろもろの力，霊，デーモン，神を注意深く観察することのできる心の態度である。無意識と対話する彼の方法によって，分析中にこの種の距離をとる態度が促進される。無意識と対決するなかで，ユングはまさにこの精神で自分自身の無意識的な形姿に関わったのである。

　この定義がなされている巻，『心理学と宗教——西と東』の中で，ユングはある無神論者との治療を述べている。その男は意識のうえでは無神論者であったので，意識から失われている宗教的機能は，自分の無意識のなかにあった。「幸いなことに，この男性には religio があった。すなわち，彼は自分の体験を〈注意深く考慮した〉のである。・・・彼は，消しがたい炎が〈聖なるもの〉であると告白しなければならなかった。これは彼の治療に必要不可欠なことであった」[13]。

　ユングによれば，分析の仕事には，自分の体験を注意深く考慮し，観察する「独特な心の態度」が必要である。しかし，そのために分析心理学は宗教になるのだろうか。ユング自身の定義によれば，わたしたちはその通りだと答えねばならないだろう。というのも，宗教自身が，ある「注意の質」だからである。ユングによる信条と宗教の間の区別に従えば，彼の心理学は信条ではない。religio と分析心理学は，個々人の体験の重要性を強調する。ユングの観点からすれば，信条はその個人の体験を否定することを促進するのだろう。

　ユング自身の宗教の定義にきちんとあてはまることのほかに，分析心理学には，「宗教」と称するにふさわしい他のいくつかの特徴も存在する。例の無神論者の癒しが結局は「宗教」であったという事実は，心理学的癒しがすべて，

実際には霊的であるというユングの立場を例示する。牧会心理学者たちにはよく知られているエッセイ,「心理療法と牧会の関係について」(訳注6)の中で,ユングは,「癒しは一つの宗教的問題と呼んでもよい」(14)と主張している。しばしば引用される一節の中で,ユングは次のように述べている。

> 人生の後半(すなわち35歳以上)にあるわたしのすべての患者で,その問題が究極のところ,宗教的人生観を見出すことでない人は,一人もいませんでした。・・・それはまるで,病気のクライマックスで,破壊的な力が癒しの力に回心したかのようです。これは,元型が独自の生に目覚めて心的人格を導くようになり,そのために,空しく意志し,努力している自我に取って代わることによって起こります。宗教心を持った人なら,「神様からのお導きだった」と言うところでしょう(15)。

宗教はしばしば変容をもたらすと考えられている。たとえば,フレデリック・ストレングは宗教を「究極的変容の手段」(16)と呼ぶ。意識と無意識の二つの観点が対話するようになる分析のプロセスも,同様に変容をもたらす。

　ユングの宗教観をうかがえるもう一つの窓は,制度的宗教の崩壊についての彼の理論である。ユングの考えでは,制度的宗教が人間の欲求に応じそこねるとき,もろもろの新たな宗教的イメージ,象徴,そして神話が集合的無意識から現れてきて制度的宗教に取って代わる。あらたな宗教的イメージ体系が不断に無意識から起こってくるというこの事実を,ユングは,彼が「宗教機能」と呼ぶもののせいにした。この機能がなければ,人間は生き残れない。なぜなら,人間は意味なしには生きられないからである。分析心理学が特にアピールするのは,自分の宗教的伝統に満足しない人々,それを古びて,インスピレーションに欠け,現代の社会状況に適切に応じていないと思う人々に対してである。もしこのような人々が「ヌーメン的なるものへの慎重な注意」というユングのやり方に忠実ならば,彼らは心理宗教的イメージが,夢,空想,能動的想像となって自分の生活に現れるのを促進するであろう。これらが人格を方向づけ,拡げ,豊かにするのである。ここでユングの宗教心理学は説明体系として,か

つ，宗教そのものとして機能する。なぜなら，分析心理学は，ユングが語っている制度的宗教に取って代わるものの一つだからである。

　すでに議論してきたように，分析心理学は，注意のある質だけではない。それはまた，一つの象徴体系でもある。そのもろもろの象徴は理論的に固定されたり，静的なものではないにしろ，いったん命名され概念化されると，所与として機能する傾向がある。影，アニムス，アニマそして自己は，以前はイエス，処女マリア，神，そして悪魔のものとされていた機能を引き受け，ある宗教的象徴体系の心理化された「内面」版となる。個性化の過程において，人はこれらのイメージに馴染み，それらのイメージは心的，象徴的実体，あるいは自我からは分離し，区別された人格として機能する。すなわち，これらのイメージは神々のようであり，統合されるまでは自律的なのである。心の中の「小さな人々」を知るようになることは，イエスやマリアや神を知るようになることとそう異ならない。違いは，「小さな人々」が「他者」としてよりはむしろ心理的なもの，すなわち，心の中にいるものとして考えられている点だけである。実際，ユングはこれらのイメージの「外的現実」を不問に付している。なぜなら，心が彼の知りうるすべてだからである。しかし，彼はこれらの形姿を「外的」であるよりはむしろ「内的」なものとして位置づける傾向がある。すでに見てきたように，究極の統治するイメージである自己は，心の中の神イメージである。個性化の間，自己は自らの姿を顕わすものとして理解される。それを知るようになるプロセスは，それが本人に着想されるということを除けば，伝統的なキリスト教やユダヤ教において神を知るようになることとなんら違わない。分析心理学においてユングはそれを心の一部，それゆえ「心的」なものと考えたのである。

　伝統的宗教のたいていの教祖は，自分が真理の啓示を受けたと主張する。無意識との対決におけるユングの受容的姿勢もこの態度に似ている。自己分析のある時点で，ユングは彼が「停止」と呼ぶものに至った。彼の夢と空想はイメージを孕んではいたが，彼はそれらを理解することができなかった。「死んでいる何かが現前していたが，それがまだ生きている」ように思われた。素材へのアプローチでうまくゆきそうなものを見出せないユングはついに自分にこ

う言った。「わからないことばかりなので，心に思い浮かぶどんなことでもただ実行するほかない。このようにして，わたしは無意識の諸衝動に意識的に身を任せた」[17]。この記述は，ユングの発見の宗教的土台となる。このようにして分析心理学はある種の神聖なオーラ，すなわち「啓示された」質を帯びる。無意識に対してこのように服従的態度をとることにより，ユングは宗教を実践していたのである。彼自ら言うように，「宗教は体験のもろもろの不合理な事実への服従と依存である」[18]。ユングが無意識を前にしてこのスタンスをとったことは，彼にとって無意識が宗教的体験の源泉であるということを示している。

　啓示の源泉に関する問題が残っている。ユングは，自分が神に服従したのではなく，無意識に服従したことをはっきりと自覚していた。しかし，ユングはもう少しで，この二つが等しいと主張する寸前まで進んだ。宗教的な人々なら「神」という言葉で説明するであろう体験を表すのにユングがしばしば「無意識」という言葉を使用していることに注意されたい[19]。ユングはこのことを知っており，それについて語っている。このような開示の多くの一つが『自伝』に見られる。そこでユングが述べていることだが，列車で帰宅する途中，本を読もうとしたが，誰かが溺れているという圧倒的なイメージと記憶のために読めなかったことがある。帰宅したユングは自分の一番幼い孫がボート小屋で危うく溺れそうになっていたことを知ったのである。「これは，正確にわたしが列車の中であの記憶に襲われた時刻に起こった。無意識はわたしにヒントをくれたのだ」[20]。もっとあからさまなのは，一つの人格のなかで対立しあうものの衝突についての以下の説明である。

　　　それらが，自分の意識的人格から生じていないことがわかると，（患者は）そ
　　　れらをマナ，ダイモーン，もしくは神と呼ぶ。科学は「無意識」という用語を
　　　(訳注7)
　　　用いる。そのため，科学は，自分がそれについて何も知らないということを認
　　　める。・・・それゆえ，わたしは「無意識」という用語を好むが，もしわたし
　　　が神話の言語で自分を表現したければ，「神」とか「ダイモーン」を云々して
　　　も差し支えないだろうということは心得ている。このような神話の言語を実際
　　　に用いるとき，わたしは，「マナ」，「ダイモーン」そして「神」が無意識の同

義語であることを自覚している。⁽²¹⁾

　ここで，ユングは言説（discourse）のレベルで神と無意識を区別した。ユングが言うには，経験的な言説を用いる科学者たちは，問題をオープンにしておくために「無意識」という用語を採用する。それに対して，宗教の信者たちは同じ現象を表すのに神話的な言語を採用する。ユングの自叙伝でのこの区別は驚くほど精確である。

　次に，わたしたちは混沌とした理論的領域に踏み込んでゆこう。そして，上で示唆したように，混沌としているのは，思うに，そこがユング自身のコンプレックスの領域だからである。ユングならたぶんこういった評価には賛意を示さないであろう。たとえば，彼は，自分が『ヨブへの答え』を「白熱した」止むに止まれぬ思いで書いたことを周知させている。同様に，彼はアブラクサスの『死者への七つの説教』もある「熱い」思いで書き，この作品を（幽霊のように自分に）つきまとってくるように感じられるものの悪魔祓いと呼んだ。彼が生涯にわたって自分の神と取り組むように駆り立てられていたといっても間違いではなかろう。そのようなことは，彼が合理的にコントロールできると称する何かではなく，むしろ，religio，すなわち，自分をとらえる「不合理な諸要因」に細心の注意を払うということなのである。ユングの宗教心理学的著作の中でも最もわかりにくい領域の一つに，彼の「神についての話」がある。すなわち，自分が神だと思うものをどのように表現することを選んだのかについての話である。一般的には，ユングは，自分が「神」と言うときに神の元型的イメージのことを考えているということを，読者に理解してもらいたがっている。しかしながら，ちょうど他の人々がするように，ユングも「神」という語を使う。それがあまりに自然に行なわれるために，読者は，ユングが単にイメージについてではなく，神それ自体について語っていると思いこむ。彼の不明確な用語法のためにたえず混乱が起こり，彼が神学者と関わり合うときには特にそれが明らかとなる。神学者からの批判に対して，ユングはしばしば彼の準カント的な姿勢に逃げこみ，自分は心理学的に発言しているだけであり，神のイメージにしか関わっていないという。

たとえば、「神」という言葉をとってみよう。神学者はもちろん、形而上学的な絶対的存在者（Ens Absolutum）のことが意味されていると想定するであろう。それとは逆に、経験主義者は夢にもそのような広範囲にわたる想定はしない。そのようなものはどっちみちまったく不可能に思われるからである。彼はただ、神学者とおなじぐらいに当然のごとく、「神」という言葉を単なる発言として、もしくはせいぜい、このような発言を準備する一つの元型的モチーフとして考えるだけである。⑳

この一節からユングはまさしく「方法論的不可知論者」（訳注9）だと言える。彼は、自分は形而上学者でも神学者でもなく、「神」について発言する場合はいつも心理学者としてしか語っていないと主張する。この場合、自分は神に関しては中立の立場を取るというのである。ユングは心理学者として次のように信じている。すなわち、自分は、人間の心の中で働いているのが何度も何度も観察されるもの、すなわち神のイメージを単に記録しているだけだ、と。

人生の終わり近くで英国放送協会（the British Broadcasting Company, 略BBC）は、ユングの映画を制作した。面接者は、彼が神を信じるかどうかと尋ねた。ゆっくりと考え深げに、手の中でパイプを回しながら、そして、まったく意外な質問だという表情を顔に浮かべて、ユングは、「信じる必要はありません。わかっているのですから」と答えた。どのようにしてユングの方法論的不可知論がこの見解と辻褄が合うのだろうか。わたしたちは、一方の発言が科学者としての彼のスタンスを代表し、もう一つの発言が彼の個人的感情を代表しているという安易な結論に逃げ込みたくなるかもしれない。だが、わたしは、それよりはむしろ、ここには見かけ以上に一貫性があるのではないかと考える。もし、ユングの言うことを彼の言葉通りに受け取って、「神」というたびに彼が心の中にある元型的イメージのことを考えているのだととれば、わたしたちは彼を理解したことになろう。

映画を見る者はしばしば深い情緒的レベルでユングの答えに対して反応する。あたかも、彼が神的なるものの存在を確認したかのようにである。これは形而上学的飛躍である。ユングは意図していないのだが、彼の言葉で人はそこへと導かれる。ある批判者にあてた手紙の中でユングは、神の存在を知っているの

で信じる必要がないという自分の発言の意味を次のように説明している。信じるということは暗に疑いを含んでいるが，自分は神を体験してしまっているので，神についての疑いを持たないのだ，と。そして，次のように語る。「わたしは，自分がそれ自体未知のある要因と明らかに直面していることを知っており，その要因を神と呼んでいるのです。・・・それは，わたし自身の心のシステムの中にあって，わたしの意識的意志を抑え，またわたし自身に対するコントロールを脅かす圧倒的な情動のすべてに与えられた適切な名です」。質問者に対するユングの答えからわたしたちはユングが次のようなことを言おうとしていたと考えねばならない。すなわち，「わたしが神という元型的イメージを知っているのは，そのヌーメン性を体験してしまっているからです」。ユングにとって，体験こそ知識である。曖昧模糊とした「神についての話」だけでなく体験的な知識をも頼みとするため，ユングは時に神秘主義者とみなされることがある。そのためもあって，ユングはいみじくも自分自身を経験主義者 (empiricist) と呼ぶことができる。ただし，その語の二番目のありふれた理解において，すなわち，体験的 (experiential) という意味においてである。ある友人にあてられた1954年の手紙の中でユングは体験について明確に述べている。「それは〈神〉と呼ばれているものに関してわたしが体験してきたことの**一面**です。course（粗野）はそれを言い表す語としては弱すぎます。crude（生々しい），violent（激烈な），cruel（残酷な），bloody（血みどろの），hellish（地獄のような），demonic（悪魔的）という言葉の方がより似つかわしいでしょう。わたしがあからさまに冒瀆的でなかったのは，自分が飼い慣らされていて，政治的に臆病だったからです」。

　ユングの知るこの神とは何か。「生々しい，激烈，残酷，血みどろ，地獄，悪魔的」などは伝統的キリスト教の神の概念をまったくといっていいほど言い表していない。ユングの「神」はこういったもろもろの元型的イメージについての彼の理論にかなっている。どの元型的イメージも肯定的な極と否定的な極からなっており，そしてこれらの対立しあうものの緊張なしには，心の生活は続きようがないのである。（たとえば，大聖堂空想がそうだが）神が対立しあうものを含み，かつそれを越えていることを早い時期に体験したために，彼は，悪

は善の欠如態（privatio boni）(訳注10)だという旧い教義を含めて，キリスト教が神をあらゆる面で善いものと考えていることを批判するようになった。ユングの神には，ちょうど人間と同様に，「暗黒の」「影の」，もしくは「邪悪な」側面がある。「神」は，心の中の一つの元型的イメージとして，コンユンクティオー・オポジトルム（coniunctio oppositorum），すなわち，対立しあうものの結合（conjunction）あるいは複合（complex）なのである。『ヨブへの答え』の中でユングは次のように述べている。「神の本性における葛藤があまりに大きいので，受肉は，神の暗黒面からの怒りに対する贖罪的な自己犠牲によってしか贖うことができない」。他の著作の中で，ユングは無意識を悪と同等視してしまっており，『ヨブへの答え』の中でも同じ理解を神にあてはめている。(25)

> 世界の創造主に意識があるという素朴な仮定はとんでもない偏見としてみなされねばならない。そこから，後に最も信用できない論理のすりかえが引き起こされたからである。例えば，善良な神を意識していれば，邪悪な行いなど生まれるはずがないということを，あらかじめ前提する必要がなかったならどうであろうか。その場合，善の欠如態（privatio boni）というナンセンスな教義をこしらえる必要もけっしてなかったであろう。その一方で，神には意識と反省が欠けているために，わたしたちは，その行為が道徳的判断を越え，善良さと獣性のあいだに何の葛藤も起こさせないような神という概念を形成できるのである。(26)

さらに同じ著作で次のように書いている。

> 神が至高善（Summun Bonum）(訳注11)であると信じることは反省的意識にはできない。・・・それゆえ，神への畏れがすべての知恵の始まりと考えられるべきだということは，まったく正しい。その一方で，神の大いに自慢げな善良さ，愛，そして正義は単なるごまかしとみなされるべきではなく，真実の体験として認められるべきである。なぜなら，神は対立物の一致（coincidentia oppositorum）だからである。神の愛と神への畏れの両方が正当化されるのである。(27)

神／自己という元型的イメージによって，ユングは，自分が伝統的キリスト教の象徴体系におけるあるアンバランスと不完全さと見なすものを正そうとする。神の二つの側面に対する彼の正当化は心理学的なものである。なぜなら，彼の観察によれば，どんな要素でも意識から排除されて無意識へ追いやられると，必ず，それが何の警告もなしに噴き出す可能性があるからである。この心の法則は他のあらゆる要素と同様に神にも当てはまるので，ユングは，善と同様に悪も神に属すると考えることが心理学的に必要となった。人間の影の面とまったく同じで，神の「影の面」も「行動となって現れ」ることが可能で，放逸な破壊を引き起こすと信じた。彼は，悪に対するあらゆる責任から神を免れさせ，その後で，それを人間のせいにすることにより，人々が永遠の罪の状態に置かれつづけていると信じた。ユングは，神をひたすら善とする神学によってあらゆる悪が，不公平にも人間のせいにされていると感じ，そのことに対して憤慨した。ユングの見解では，この心理学的帰結からいって，自分の人間的な自己の内に全体性を包むことと同じぐらいに，すべてを含む神のイメージを持つことが重要なのである。ユング心理学においては，神も人間もともに「自覚的に」ならねばならない。すなわち，意識と無意識，合理・非合理の対立を越えて進む必要がある。神もまた，（「神」が心の中にもともと存在しているある一つの元型的イメージを指していることを思い出してほしい）潜在的な全体性を持ち，自らが全体性を達成するためには人類に自覚的になってもらわねばならないのである。人類と神は互いに分かちがたく結びついているとユングは感じていた。そして人類が自分の「暗部」に無自覚なまま，それを無意識的に行動に表しているかぎり，神も部分的に無自覚となるだろうというのである。ユングの神の概念は，シェアがそれを楽天的に受け入れているにもかかわらず，多くのキリスト教神学者が彼の「神学」に難色を示す一つの根本的理由である。

『自伝』の中でわたしたちが注目した点だが，ユングは同じ現象に対して科学の言語と宗教の言語を使い分けている。彼に言わせれば，その同じ現象は科学の用語では「無意識」と呼ばれ，宗教の用語では「神」と呼ばれるというのである。他の著作では，さまざまな根拠から神と無意識を区別すると同時に，両者を同等視しており，そして，同等視の方がやや慎重に行なわれている。よ

り科学的な立場からは,「三位一体の教義への心理学的アプローチ」においてだが,ユングは次のように記している。「どのような形而上学的な権威であれ,これに対する服従は,心理学的立場からすれば,無意識への服従である。そこには,いわゆる形而上学的要因を心の要因から区別する何の科学的な基準も存在しない(28)」。そして,再び『ヨブへの答え』においてだが,次のように言っている。「神がわたしたちに働きかけるということをわたしたちが確言できるのは,心を通してのみである。だが,これらの働きが神からのものか,無意識からのものなのかをわたしたちは区別することができない。わたしたちは神と無意識が二つの異なった実体かどうか言うことができない。両者とも,超越的内容を表す境界概念なのである(29)」。

これらの発言において,ユングは,自伝でしているほどには大胆にではないにせよ,神と無意識が等しいということを強く示唆している。自伝では,すでに見たように,自分が留守中に起こった事件を感じることができたのは無意識のおかげだとしている。ユングが人生の終わり近くに秘書のアニエラ・ヤッフェに口述筆記させたものであることにもよろうが,自伝の中では,たぶんユングは,おそらく生地のままでいられると感じていたのであろう。自分をあざける科学界にもはや遠慮していない。これらの彼の発言を考えあわせると,体験的には(ユングにとってはこれが現実的なもののレベルである),神と無意識は同一のものであるといっても差し支えないだろう。彼が言うには,科学者として自分は,二つのものを区別することはできないのである。もしそうであるならば,集合的無意識から「発する」元型的イメージの数々は人生における神の現れである。それらは,神によって定められたものであり,神聖な基盤に立脚しているのである。

ジェイムズ・ハイジックは,ユングが次第に彼の集合的無意識の概念を神的なものにしていったということを示している。「ユングは,自分の心理学の礎石である集合的無意識を神と呼ぶことに何のためらいも見せなかった。もっとも,彼は,人々がいつの時代でもいずれの場所でも神と呼んできたまさにそのことを云々しているのだということを確信してはいたのだが(30)」。ユングの宗教思想の軌跡を詳細に述べたのち,ハイジックは以下のように結論づける。「集

合的無意識の理論をこのように現実の宗教に当てはめるたびに，彼は力を得て，次第に集合的無意識をますます実体化してゆくようになった。それは実体に準ずるものから宇宙の原理になったのである」。ユングが神と無意識を次第に同等視してゆくことによって，分析心理学が宗教であるという理屈に中身が加わる。というのも，分析心理学の実践によって人々は無意識と取り組めるようになるからである。ユング自身の示唆的な言い方を用いるなら，ユング派の分析は神への道だと結論せねばならないであろう。

　今わたしが展開したことは，混乱を招くかもしれない。なぜなら，ユングが神と無意識をほとんど同じものとしていることがそれによって精確に描かれているとはいえ，ユング自身は一貫していないからである。時には，ユングははっきりと，無意識の中の特定のイメージが神を表すものとしている。これが自己のイメージであり，それの出現は個性化の過程にとって中心的な意味を持つ。無意識と神との関係についてのより精確な説明の中で，ユングはこう述べる。「厳密に言うなら，神イメージは無意識そのものにではなく，その特殊な内容，すなわち，自己の元型に一致するものである。わたしたちは経験上はもはやこの元型から神イメージを区別できない」。読者はユングによる神イメージと自己イメージの同等視をしばしば誤解してきたのではないだろうか。というのは，ユングは自己の元型的イメージと神が等しいという自分の立場を一貫して擁護することで，彼が神を自己に置き換えてしまったという非難を退けてきたからである。ある批判者への手紙の中でユングはこう述べている。「わたしがこれを材料として〈内在する神〉や〈神の代理〉を作り上げてしまったということでわたしを責めるのは，誤解です。・・・この〈自己〉は，おそらく神の恩寵を受ける器となるかもしれませんが，けっしていかなるときでも神に取って代わるのではありません」。ユングの防衛はこの場合も準カント的認識論に基づく。「あなたはまだ気が付いておられないようですが，わたしは**神についてではなく，神のイメージについて語っているのです**。なぜなら，そもそも神について何かを語るなどということはとてもわたしにはできない相談だからです」。ユングが神のイメージを自己のイメージと同等視するのは，彼がある深遠な変容を観察したからである。つまり，この変容は彼自身のイメージの中で，彼の患

者たちのイメージの中で、そして最終的には、広く一般の集合的イメージの中で起こっていたというのである。ユングは、伝統的な神イメージが自己、もしくは全体性のイメージによって置き換えられつつあることに注目した。それゆえ、「神」という用語を「自己」（双方とも元型的イメージだが）に置き換えるとき、ユングは、自分の観察を報告しているのだから、自分がしっかりした現象学的基礎に立っていると理解した。自己についてユングはこう述べる。「それは、全体的人間の目標、人間の同意があるにせよ、ないにせよ、彼の全体性と個性の実現を表す」(35)。

ユングにとって、自己と神の象徴は人生における最高の価値と意味を表す。それが意味しているのは、この近代の神イメージからは、なにも除外できないということである。ハイジックが記すように、「ユングは神の像（imago Dei）を定義するにあたって自らにあらゆる自由を与えており、どんなコンテクストにおいてもその例とみなせないようなイメージを一つ見つけることさえ大変である」(36)。しかし、ユングの概念がそうだが、あまりにすべてを包括する概念には問題がある。それに対してはなんの批判的な境界も設けられていないからである。すでに見てきたように、特にそれがヌーメン的である場合はそうだが、どんなものでも、ある種の状況下では神の表現とみなせるようになるのである。

もしも自己のイメージが伝統的な神のイメージに取って代わりつつあるとすれば、ユングにしてみれば、これは「人間」が次第に神に取って代わりつつあるということの証拠なのである。ヴィクター・ホワイト神父にあてた手紙の中でユングは水瓶座の時代(訳注12)の意味を説明している。彼はそれがもう少しでわたしたちにやってくると信じていた。この時代は「たしかに、一つの統一性、おそらく原人（Anthropos）(訳注13)のそれでしょうが、キリストが『神は存在する（Dii estis）』と呼んでいるものの実現です。これは、一つの恐るべき秘密であり、理解困難なことです。なぜなら、それは、人が本質的に神と神人になるであろうということを意味しているからです」(37)。

ユングが元型と元型的イメージとの間に区別を設けたことはすでに見た。ここで、元型それ自身の宗教的性格を探ろう。その本質を理解するための糸口は、それに関して書くためにユングとユンギアンたちが用いる種類の言語に見出さ

れる。たとえば，彼らは元型が逆説的であり，逆説が宗教的表現の高みを表すと考えているようである。ヨランデ・ヤコービは次のように書いている。「なぜなら，元型はわたしたちの合理的理解に勝る深遠な謎を表すからである。すなわち，〈元型的内容は何よりもまず第一に隠喩となって現れる〉。その意味には，常に未知のままで，定式化を拒む部分がある」。ユング自身は，自分の中心的概念について語るうえで宗教の言語に頼り，別のときには自分が固執する経験主義を自分で無視していることを露呈している。

> 元型が最終的には完全に説明され，処理できるという幻想に，一瞬たりともわたしたちはあえて屈伏などはしない。どんなにうまく説明しようとしてみたところで，多かれ少なかれだが，もう一つの隠喩的言語にうまく翻訳するだけである（実際，言語そのものがイメージでしかない）。わたしたちにせいぜいできることといえば，**神話をさらに夢想しつづけ**，それに近代的な装いを与えることぐらいである。

元型を定義する他の試みでは，ユングは，決定的に宗教の言語に頼る。「超越的であるために，元型それ自体は光の本質とおなじぐらいに言い表しえないものです」。「元型が〈真実〉であるのかどうか，わたしにはわかりません。わたしにわかることといえば，それが生きており，それをわたしが作ったことはないということだけです」。ユングが自分の中心的概念を定義できないことから，それは「言語を絶するもの」だという感じが生まれる。ユングが定義に固有のもろもろの制限を課したがらないことから，人は，他の人々が神的なるものを定義することに気が進まないということを想い起こす。

時々，ユングは自分の概念に明瞭さが欠けていることを合理化するために，最高の形の知は逆説によってのみ伝えられると断言した。ユングは，自分の仕事が言語の限界を越えた何かに関わっていると本気で信じていたようである。

> その方（逆説）が明瞭な概念よりも，**不可知なるものを公正に扱っている**。というのは，意味が画一的だと，神秘から暗部がなくなり，それが何か**知られて**

いるものにされてしまうからである。それこそ略取であり、そのために、人間の知性は自分が認知的行為によって超越的神秘を捉え、「それをものにしたのだ」と装うことで、ヒュブリスにはまりこんでしまう。(訳注14)(42)

ユングはある種の全知が元型にあるとする。これもまた、神性を暗示する。「その手続き全体にわたって、そこではパターンについてのみならず、その意味についてもほのかな予知が支配しているように見える」(43)。彼はまた、元型には「カルマ（業）の側面」(訳注15)があることも示唆している。それによってユングが言おうとしているように見えるのは、起こるべく意図されていることは起こるであろうということである。「カルマの側面は、ある元型の本質をより深く理解する上で欠かせない」(44)。

元型的イメージは、とどのつまり、人類が折り合わねばならないもろもろの力である。「たしかに、どのように人が原初的イメージの至上の力から逃れられるかは理解しがたい。実際のところ、それからは逃れられないのではないかとわたしは思っている。**人にできることといえば、ただ、自分の態度**を改め、それによって、何も知らずにある元型にはまりこみ、自分の人間性を犠牲にしてある役を演じさせられないようにすることだけである」(45)。ユングの言葉の選択によって、元型とそのイメージは、神のように「逃れえない」力を得る。わたしたちが望めることといえばせいぜい、自分自身に対立して「無意識」の状態にならないように、自己認識と自覚を高めることぐらいだというのである。

ユングは自分の理論が存在の本質の中心と神秘に関わっていると見ていたと言っておくことが公平のように思われる。ことさら形而上学的な言葉を使ったり、形而上学的な主張はしないが、彼は実際には宗教、神話そして隠喩の言語を用いている。彼は、体験とイメージの観察に厳密にこだわることによって形而上学的レベルを避けようとするが、それでも、彼の言語はそれを越えたところを指し示す。逆説を用い、それを正当化することによって彼は、フロイトが精神分析によって自分に許容したのよりもはるかに広く、深く、そして威厳のある何かに分析心理学が関わっているという印象を伝えている。ここで再びユングの1912年の手紙が心に浮かぶ。その中で彼はフロイトに、精神分析には心

をよみがえらせる神話があるかどうかを考えてほしいと求めているのである。フロイトは否定的な返答をして,「宗教を宗教によって置き換える」という仕事をユングに委ねた。とりわけ,自分の中心的概念である元型に関してユングは,普通の人間の言説で包めるよりもずっと大きな何かについて自分が語っているのだと信じているように見える。どの神学者もそうだが,ユングも経験主義と論理的分析の限界を越えた言語を手さぐりしている。これは,ユングがしばしば繰り返して自分の純粋な経験主義を擁護していたという点から見れば,彼にとって皮肉な立場である。

　ユングがイメージに「至上の力（sovereign）」の力を認めている点は,フェミニストの注意を引く。「至上の力」として,イメージは,神によって定められた物事の秩序の変えようのない部分,挫折感を抱かせる挑戦不可能なもののように見えるからであろう。ユングの言語は次のことを示唆する。すなわち,「女性的」なるものと「男性的」なるものを含めて,イメージにはすべて,わたしたちがそれらを社会的構成物として見るように選ぶ選ばないにかかわらず,理論のなかに組み込まれて変わりようがないという性質があるということである。ところが,ユングはイメージをより柔軟なものとして理解しているように見えることもある。たとえば,元型自体とそのイメージを区別する場合がそうである。思うに,ここでの最も忠実な読み方は,体験のレベルにとどまるという読み方である。ユングが言っているのは,イメージが「至上の力」として**感じられる**ということであり,イメージは変わりようがないということではない。元型そのものは変わりようがなく,それこそがイメージにこのような力を与えているものである。いずれにせよ,未知で無縁のままであるかぎり,集合的無意識はあまりに力強いので,理性と意志はそれに対してなす術がないとユングは信じていた。

　　　実際のところ,わたしたちはいつも火山の縁に住んでおり,わたしたちが知る
　　　かぎり,いつ起こるか分からない爆発から自分を守るすべはない。爆発が起こ
　　　れば,それが及ぶ範囲内のあらゆる人が破壊されるであろう。理性と常識を説
　　　教するのは確かに良いことである。しかし,もしも精神病院入院者や群衆心理

の熱に浮かされた群衆が聴衆だとすればどうだろう。狂人も暴徒もどちらも非個人的で、圧倒的な力に動かされているのだから、彼らはたいして違っていない。
(46)

　ユングの元型自体はイメージのシステム全体を覆う「聖なる天蓋」(訳注：ピーター・バーガーの著書の題名)であり、そのためにこのイメージ・システムは存在論的で宗教的な意味合いを帯びてくる。これによってもろもろの擬人化(影、アニマ、アニムス、自己)は、ある命名しがたい真実在をただ仄めかすこ(訳注16)としかできない真の宗教的象徴という地位を獲得する。これらの擬人化は真実在のさまざまな現れなのである。わたしたちは今や心理学と宗教の境界を越えた。すなわち、ここでユングの心理学は宗教そのものになる。たとえ、ユングがいまだに自分は宗教に対する心理学的説明を与えていると見なしていてもである。

　宗教として、分析心理学は排他的ではない。人はそれに従いながら、同時にキリスト教徒、仏教徒、ユダヤ教徒、ヒンドゥー教徒でいられる。もしも、ユングの神概念に些細なけちをつけるつもりがないのなら特にそうである。そればかりか、伝統的宗教の信奉者で、かつ、ユンギアンであるのなら、元型的な観点は、自分の宗教とその象徴についての自分の理解を照らしだし、自分の宗教とその用語を元型的イメージに翻訳してくれることになろう。ユングの中心的概念である元型は、どんな宗教であれ、その独自性を掘り崩してしまう。どんな宗教も、神的なるものについての自分たちによる特別な性格づけが最高に優れていると主張する。ところが元型が真実在のレベルだと考えられるならば、その優位が挑戦を受け、その最高位が元型に格下げされることになる。ホーマンズが述べるように、「善良なカトリックやプロテスタントの信者は知らないかもしれないが、その信者の信仰は、分析心理学が記述するもろもろの力によって動機づけられていることになるのである。これらの力を概念化すると、伝統的信仰とは非常に異なった観念体系とこれに対応する現実ができあがる」。
(47)
元型を支配的概念とする分析心理学は世界の諸宗教を超越し、包括する一つの宗教なのである。その中核となるプロセスである個性化は、対立しあうもの、

とりわけ,「女性的なるもの」と「男性的なるもの」の対立を結びあわせる。

分析心理学の核心となるもろもろの象徴は崇拝を求めない。実際,崇拝自体は,ヌーメン的なものへの慎重な注意が崇拝とみなされないかぎり,プロセスの一部とはならない。なるほど,ユング派の分析は「崇拝的な」態度を求める。しかし,ヌーメン的なもろもろのイメージは個人の心と体験の一部と考えられるので,個人の外部にあって称揚された存在を礼賛するという意味での崇拝は存在しない。ブーバーが主張したように,ユングの宗教は心的内在の宗教である。実に,これこそ,フェミニスト神学者のなかに彼を肯定的に評価する者らがいる理由の一つである。彼の思想のこの側面を用いることによって,彼女らは神学における重要な移行を予見する。というのは,ナオミ・ゴールデンバーグが言うように,「フェミニスト神学は,心理学になることへの途上にある」(48)からである。

「あなた自身の体験を信頼せよ」というのが,ユング教の折り紙付き証明の一つである。ピーター・ホーマンズは,これがどのようにわたしたちの時代の文脈に合っているかを説明している。ユングは自分の心理宗教を体験という権威の上に創設した。体験は彼自身と彼の患者の場合,ヌーメン的で変容をもたらす力があったからである。ユングの心理学的方法に従うことで,生きた流れが干上がっていた多くの人々の生活に霊性の諸次元が開かれてきたのである。分析心理学は分析を受けている患者の体験によってその正しさが確証されるので,宗教体験と同様に分析心理学も反駁を許さず,その性質は宗教体験と同じである。すなわち,変容をもたらし,意味を与えるのである。

それがユング自身でないとするならばの話だが,この宗教には中心となる歴史的人物がいない。ユングは,驚くほどに開かれた心で,自分のもろもろの内的形姿と対決してこれに成功を収め,また対立しあっているものを緊張の中で持ちこたえる並外れた能力を持っていた。こういった点が,自分の混乱を通り抜ける道を探しており,わたしたちの時代の集合的混乱を理解しようとしている人々にアピールするのである。ユングは,自分の苦痛を通り抜ける道を発見し,さらには何らかの知恵を備えてもう一方の側に出てきたように見える。彼が自分自身の「暗黒の水」を首尾よくくぐり抜けたという事実から,彼のたい

へんな人気とカリスマの秘密の一部が理解できるかもしれない。ユングは他の求道者たちのモデルとなり，彼らを励ますのである。たとえ，自分が救世主であるとはなんら主張していなくとも，彼は自分の追随者たちの間ではグールーとして機能してきたように思われる。ユングは次のように信じていた。すなわち，人々は普通，神の模倣（Imitatio Dei）というキリスト教の教義を誤解して，キリストの真似をしようとする。ところが，キリストは本当は人々に，完全に自分自身になるようにと呼びかけていたというのである。それなら，ユングを真似ることも，同様の愚行に陥ることになろう。理論的には，自己がある人の人生にますますその姿を現わすにつれて，個人は他の誰の真似でもなく，ユニークな自分自身になるのである。

どんな宗教や世界観にもあるのと同様に，この分析心理学にももろもろの危険がある。そのいくつかはすでに述べた。外的な照合物がないということはその一つである。この欠如のために批判が困難になる。なぜなら，ユングの見解では，心について人が行えるどんな発言も心の内部から来るからである。心について語ろうとしても，心の外側にある立場を取ることはけっしてできない。それゆえ，分析心理学についてどんなに批判をしようとも，その批判は，まだコンプレックスと徹底的に取り組まれていないこと，あるいは，元型的イメージについての知識が不足していることの証拠としてとられるかもしれないのである。

だからといって，ユング心理学が科学となんの類似点も持たないとか，批判者たちが非難してきたように，救いがたく神秘的で曖昧であるというわけではない。それどころか，ユングはそのもっとも広い意味（体験に基づくという意味）で経験主義からけっして離れなかった。また，自分の探求当初の，そのより狭い意味（データ収集，実験，観察に基づくという意味）で経験主義に忠実であった。しかしながら，彼の心の広さと彼の霊的探求の深さは，経験主義を越える次元を明らかにする。だが，だからといって，現代の科学哲学に従えば，科学の領域からユングが排除されることにはならないであろう。科学が純粋な実証主義に閉じこめられているとか，経験主義の諸観念が科学者の行なっていることを完全に説明するとかいった見解に科学哲学者たちは挑戦する。彼らは

「客観性」という科学の主張に挑戦し，データの選択とその認識が観察者の観点によって影響を受けているということを指摘する。「観点」には，観察者の文化的，人種的，そしてジェンダー上の偏見も含まれているであろう。これらの科学哲学者は，さらに次のことに注目してきた。すなわち，科学者たちは物質的な証拠事実を越えるメンタル・モデル（mental model）を形成しているということ，これらのモデルがひとたび反証されれば，それらを放棄すると期待しているものの，実際には自分たちのモデルに執着するようになり，それらを放棄することがしばしば困難であるということである。それゆえ，このメンタル・モデルは世界観として機能し，新しいデータの選択に影響を及ぼしているのである。ユングは，より良いモデルが現れれば，喜んでそれを放棄すると語ってはいるが，たいていの科学者と同様に彼も自分の理論発達のどこかの点で，自分のモデルに執着するようになった。一つのモデルへの科学者（あるいは，宗教の信者）の思い入れは，新たな洞察，あるいは，トーマス・クーンが人々の注目を促したあの有名な「パラダイム・シフト」（訳注18），ものの見方の転換に対する障壁となる。分析心理学は，宗教的であるのと同様に科学的であるため，パラダイム・シフトに対する抵抗は両方のレベルで働きうる。(49)

　分析心理学が普遍的だという主張に対する女性たちの挑戦は，科学哲学が示唆する方向に沿っている。ユングは心が普遍的なものだと言うが，女性たちは，いくつかの点でユングの言う心から自分たちが排除されていると主張しているのである。女性としての体験，とりわけ「意識を高められた体験（consciousness-raised experience）」（それによって彼女らは，性差別とそれが助長する内面化された抑圧を摘発することを学んだのである）に根ざして，彼女らは，ユングの無意識についての見解に含まれる一定の次元に挑戦する。それは，彼の男性中心主義から起こってくる次元である。すでに示したように，アニムスとアニマを含めてもろもろのイメージが神的なるものの現れであるならば，それらは人間の力が及ばないあり方で正当化されるようになる。今日のユンギアンはそれをはっきりと認めてはいないかもしれないが，このように神的なるものを暗示することによって，ユング理論それ自体の内側からとは違った光でそのイメージを見ることが難しくなるのである。

同時代のたいていの科学者よりも自覚的だったユングは自分自身を実験台にしむけた。彼は，科学者の個性がデータの選択と知覚に影響を及ぼすことに，驚くほど気が付いていた。実際，彼の追従者たちよりも，ユングは，ひょっとしたら諸理論に客観性が欠けているのではなかろうか，という問題を自覚していたようである。たとえば，男性に女性の心理が理解できないのは男性がアニマを投影するためだということを語っている。「女性のエロティシズム，とりわけ女性の感情生活について男性が語ることはたいてい，自分のアニマの投影に由来し，そのために歪んだものになっている」。したがって，分析心理学は，そのイメージが印象的で宗教色の意味合いを帯び，聖なるもので正当化されてはいるが，ユング理論の内側からでさえ，男性中心主義に挑戦することはできるはずである。

第 6 章

フェミニズムの
レンズを通してみた
分析心理学

　男性中心主義と女性蔑視は，女性たち，アニマとアニムス，そして女性的なるものについてのユングの議論を歪んだものにしている。その結果，ユングの個性化のプロセスそのものが，女性たちにとっては，歪んだものであるかもしれない。文化とジェンダーについてのユングの偏見が分析心理学にはあまりに深く浸みわたっている。そのため，一つの理論体系としての分析心理学では，女性たちと女性的なるものが適切に定義されていない。「意識を高められた（consciousness-raised）」女性の体験に基づいていないからである。女性の読者と患者は，ユング心理学のこれらの要素を認めてこれに挑戦しなければならない。そうでなければ，分析心理学は魅惑的な罠のままにとどまることであろう。「女性的なるもの」といういかにももっともらしいイメージで女性を魅了し，そのために，ユングのカテゴリーを使うことで助長されうる内面化された抑圧に対して，わたしたちは無自覚なままでいることになろう。興味深いことに，ユング派の分析家のなかでも，ユングの男性中心主義に理論レベルで最も明確に挑んだのは男性である。わたしはジェイムズ・ヒルマンのことを言っている。彼は，最新の著書『アニマ』の中で，ユングの立場の限界を直截に認めている。

これもまた男性のユング派の分析家だが，エドワード・ホィットモントも，ユングのアニマ／アニムス理論にいくつかの修正を加えようとしてきた。何人かの女性のユング派分析家，たとえば，イレーネ・デ・カスティリェーホなども，ユングがアニマを男性だけに認めるという一面性と，アニムスがもっぱら否定的に性格づけされていることに挑戦してきた。しかし，ユングのカテゴリーを体系的に見直す方向ではヒルマンがもっとも先へと進んでいる。[1]分析家ではないユンギアンの研究者も同様にユング理論の見直しに向かって重要なステップを踏んできている。その顕著な例は，第1章で述べたエステラ・ローターとキャロル・シュライアー・ラプレヒトの仕事である。[2]ユングの理論を，それが映しだしている父権的文脈を自覚しながら吟味すれば，この文脈がいかに元型的イメージに影響を及ぼしているかが分かる。このように，その社会的文脈が明らかにされることによって，これらのイメージは存在論的な含みを持たされて宗教的に権威づけられるというような危険から免れる。

先に明記したように，「性差別と，女性におけるその心理学的な道連れといえる内面化された抑圧は，いまだにわたしたちの社会にあまりに広く蔓延している。そのため，どのような心理学の理論にせよ，実践にせよ，これらの事実を考慮せず，またこれらと敢然として対決しないものは，女性にとって解放をもたらすセラピーではない」。それゆえ，女性における内面化された抑圧を助長する潜在的傾向をユング心理学からはぎ取ることが，わたしたちの課題となろう。

女性と自我の滅却

わたしたちが第4章で見たのは，ユングの個性化のヴィジョンが，自らを「自分の家の主人」だと信じる自我という前提から出発しているということであった。ただし，この前提をユングは，最終的には幻想的なものであると示した。ここでわたしが主張したいのは，ユングの自我理解は，女性よりも男性に当てはめた方が適切であり，女性の多くは，そもそも自分の自我が支配できているなどとは感じていないということである。理論的には，個性化の過程で，

自我は自分が最高だという感じが偽りのものであることに気づくようになる。というのは，自我の「中心性」は，自己の元型にますます支配され，これに取って代わられるようになるからである。この発見のプロセスが起こるには，個人的な自我のもろもろの限界が超えられねばならない。この点でそれは伝統的な宗教に似ている。フェミニスト神学者たちは，このような宗教が，無意識的にではあるが，男性的観点から出発していることを証明してきた。それゆえ，伝統的宗教が自我の超越を勧めることは，男性にふさわしい課題である。父権制では伝統的に，男性は女性よりも強い自己感（sence of self，確固たる自我境界）を持つように思われる。そして，男性の主体性と権威はいつも，もっともなものとされている。問題をはっきりさせよう。すなわち，なるほど，個人の必然的に有限な自我や自己の観点を越える観点は誰にも必要だとわたしも信じている。しかし，そもそも強固に自我を確立していない人に，このような自己の発達のヴィジョンを催促していいのだろうか。父権制下で生きるたいていの女性はまさにそのような状況にあり，彼女らの自我は自分の文脈でまともなものとはみなされていない。ここでわたしが用いている「自我」という言葉には「意識の中心」だけでなく「自己感」，「同一性」，「個人的主体性（personal agency）」も含まれている。最初の意味は，ユンギアンに好まれているが，「個人的主体性」はもっともユンギアンらしからぬ意味である。父権制のもとで生きる女性は，自分の欲求や欲望を充たそうとすることを，それとなく，あるいは，はっきりと思い止まらされる。女性としての成就を他者への奉仕という点から定義してきたもろもろの心理学や神学によって助長されたこのような剥奪に直面するとき，父権制下で生きる多くの女性は自分自身が，自らの権利において存在する人格あるいは主体であるという感覚を欠いている。

　事実，フェミニズム理論は男性における自我と女性における自我を区別する。ユングはそれをしていない。ジーン・ベイカー・ミラーはさらに進んで，伝統的に理解されている意味での自我は女性には存在さえしないのかもしれないとまで示唆する。

　　女性の自我や超自我が男性のそれらに比べてより脆弱であるという精神分析の

理論が広くゆきわたっている。このことは，現在使われている意味での自我または超自我を女性が少しも持っていないという事実を反映していると考えても間違いではなかろう。男性のやり方では，女性はこの構図に入ってこないのである。彼女らは，文化の一人前の代表者である権利を持ちもしなければ，それを要求もされていない。また，自分にとって直接に利益になるかどうかという面から自分で行動し，判断する権利も与えられてこなかった。これらの権利はともに自我と超自我の発達にはなくてはならないように思われる。このことは，女性が物事を組織する原理を持っていないとか，ある特殊なやり方で「現実」と関わるということを意味するのではない。しかし，女性は，現実には，他者にとって有益な人間へと自分を「形成」するように促されている。このようにして，女性は，自分の行為を，それが他者を通して媒介されるようにしか見ない。この経験は誕生に始まり，生涯にわたって続く。その結果，女性が発達させる心の構造には，普通の意味での自我という用語が当てはまらないかもしれないのである。(4)

　もしも，ミラーの観察が正しければ，ユングの個性化のプロセスで決定的な段階，すなわち「自我の滅却 (the annihilation of the ego)」を堪え忍ぶように女性に勧めていいものかどうかという疑問が起こってくる。ユングによれば，この段階で自己（神のイメージ）の誕生への道が整えられる。統制と支配の欲求が父権制によって強化され，自我を「使いこなす」ことを経験済みの男性はおそらく，自分に対してであれ，他者に対してであれ，自我によるコントロールが最終的には幻滅に終わるだけでなく幻影的で危険でもあることに気づく必要がある。「自我の滅却」はこの認識への道を開くかもしれない。しかし，多くの女性にとっては，彼女らが持ってさえいないかもしれない何かを「滅却」するようにと，ユングはこのプロセスで唱えているのである。あるいは，たとえ女性がそれを持っているとしても，それがあまりに傷ついているので，滅却ではなく，構築が必要なのかもしれない。ユングはけっして女性の病理を助長するつもりはなかった。実際のところ，自分のいう個性化プロセスにおいてそのようなことが起ころうとは思いもしていなかった。その一方で，「滅却」という彼の用語は，女性がすでに行っている自己放棄を実際には助長して，女性

を傷つけるように働いている。それは「健全」な自己放棄ではなく，社会的に期待されているマゾヒズムにより近い。

　ナンシー・チョドロウも，どのように女性の自我が男性のそれと違っているかについて書いてきた。彼女は，「女性には，境界が混乱し，世界から分離している感覚が欠ける傾向がある」と示唆する。しかしながら，「たいていの女性は，自我境界と，分離した自己という感覚を発達させる」とも指摘する。もし本当に「境界の混乱」がたいていの女性にとっての問題だとするならば，「境界の強化」が必要となる。それは，現実に機能できて，他者から分かれているものとして自我（女性の自己感覚）を強め，個人的主体性とエンパワーメントへの女性の権利を高めることを通じて起こるのではなかろうか。「服従」と「自我の滅却」といった言葉を使うと，父権制下のたいていの女性にすでに見られる傾向が強められることになる。これらの言葉はたいていの父権的男性にこそふさわしいということはすでに述べたとおりである。

　女性の「境界が混乱する」傾向についてのチョドロウの洞察はユングも共有しているように思われる。というのも，彼は女性の意識が「拡散して」おり，また男性のそれが「焦点づけられ」ていると述べているからである（「意識」はユングにとって，「自我」より重要な用語である。わたしの知るかぎり，彼はそれをけっして定義していない。わたしが見るところ，ユングが言いたいのは「世界の内にあって世界を知覚する自覚的なあり方」ということである)。奇妙なのはユングが男性と女性の意識の違いを，個性化のプロセスに要素として組み入れなかったことである。彼は個性化のプロセスを，男女の違いをこえた普遍的なものとして考えた。女性の「拡散した」意識はエロス（関係性）の原理に，そして，男性の「焦点づけられた」意識はロゴス（分析）原理により近いようにユングには感じられた。しかしながら，ユングはエロスとロゴスを，女性と男性のなかにある文化的に創られた傾向というよりはむしろ，自然な傾向として，さらには元型的原理とさえ見なした。この点でユングの見解とたいていのフェミニストたちの見解は決定的に違っている。

　神学という有利な立場から，キャロル・クライストは，父権制下における女性の「自我のなさ」がいかに深刻かということについて辛辣に述べている。

「現代の女性の霊的探求は，自分には何もないという体験，自分が適切な自己イメージなしで生きているという体験から始まる」[6]。この社会のすべての成人女性は，自分を独特の欠陥があるか，あるいは不適切であると評価しているというポリー・ヤング゠アイゼンドラスの発言を思い出してほしい。セルフ・ヘイターとして擬人化されている内面化された抑圧の声に耳を傾けている女性は，自分には存在する権利があるという確信を持つ必要がある。心の中の「小さき人々」を，究極的には自己を，知ってゆくようになるユングのプロセスに従うことで，女性はこの確信を与えられるかもしれない。しかし，「自我の滅却」を勧めるとき，ユングは，自我の状態が男性と女性とで同一であるという誤った思いこみをしている。彼はその心のモデルにおいて，女性蔑視社会が女性の自我に不断に負担を負わせていることを計算に入れていないために，男性と女性が平等であるという幻影を不滅なものにしている。自分の自我が押し潰されているのは，女性を卑しむ社会に生きるために代償を支払っているからなのだということを理解することによって，女性は大いに助けられる。すなわち，自分の傷ついた状態は単に個人的な問題ではないのだと認識することは女性にプラスとなるのである。

　男性同様に，女性も個人的自我の制約された見解以上のものを持つ必要があるということをわたしは先に述べた。女性も，何かが「死ぬ」ということがなければ，新しい自己は生まれようがない。しかし，その何かとは自我なのだろうか。ユングのプロセスを見直せるとするなら，それは関係性の面からかもしれない。たとえば，たぶん男性は，他者から分離され，区別されるものとして体験されてきた自我を滅却して，関係性に再生する必要があろう。これは，ユングが新しい自己の誕生を象徴するのに使っている（男性と女性の）結合のイメージですでに示唆されている。一方，女性にはたぶん偽りの自己システムの死が必要なのだろう。この偽りの自己システムは，どのような形をとってきたにせよ，父権制が女性に負わせてきたものである。この偽りの自己システムの死は自我の滅却と同じではない。真実の自己の誕生というものがあるとするなら，その前に偽りの自己システムが死ななければならないだろう。この「死」から，男性の場合と同様に，真の関係性のための能力が生じてくるはずである。[7]

もろもろのイメージの第一の力としてのアニマ

　フェミニスト神学者のエリザベス・ドドソン・グレイは父権制の本質を概念的なものとして性格づけてきた。「父権制は，宇宙における〈男性の位置〉を誤って概念化し，神話にしてきた。そのため，父権制は自らが正当化する支配権の幻想によって，この惑星全体を危うくしている[8]」。ドドソン・グレイが語る誤った概念と神話に餌を与えているのは，原初的感情が伴い，徹底的に取り組まれていない無意識的なイメージの数々である。言葉を換えれば，概念よりはるかに力強いのがイメージである。なぜなら，イメージはより原初的だからである。ユングがイメージに途方もない力を認めていることを思い出していただきたい。わたしたちはこれからアニマを検討するからである。アニマはなるほど一つの「概念」であるが，一つのイメージでもあるのだ。

　男性が女性をはっきりと認識できないのはアニマを投影するからだと，ユングは述べている。だが，アニマについてのユング自身の議論はアニマと女性心理をごちゃ混ぜにしている。その結果，ユングによるアニマの描写から二つの曖昧な行動予定が浮かび上がってくる。彼はしばしば，アニマ，すなわち，男性心理の一側面についてこれから論じると明言しておきながら，女性心理の議論を始める。そのため，ユングが公言している行動予定では，男性の人生と心の中にあるこの「反対の性の他者」（アニマ）を論じることになってはいるが，意図せざる行動予定では女性心理がカバーされるのである。もちろん，この二つの議論は論理的に結びついている。というのは，男性によるアニマの投影と女性心理は相互に関係せざるをえないからである。わたしたちは皆，他者から期待されている人間になりがちなので，男性からのアニマの投影に助けられながら女性は自己感覚を形づくってゆく[9]。しかしながら，ユングはこれら二つの行動予定に論理的な順序で従っていない。そのかわりに，自分自身のアニマを否応なく女性心理の議論に投影するのである。もし彼が女性心理の説明から自分自身のアニマの投影を分離していたならば，特に前者の説明はより明確になることであろう。男性のアニマのイメージと女性の自己感覚に対する父権制の

影響という文脈の中に両方の議論を据えていたならば、これらの議論はともによりよいものになることであろう。たとえば、『分析心理学に関する二論文』の中で、ユングはアニマに関する議論を始めるにあたって、母親以外の女性たちがある男性の人格の「女性的」側面に、どのように影響を及ぼすかについて語っている。

> 両親に代わって今や女性が成人男性の人生において最も直接的な環境から影響を及ぼす者としての位置を占める。・・・しかし、女性は非常に影響力のある要因であり、両親と同様に、比較的自律的な性格のイマーゴを作り出す。といっても、それは両親のイマーゴとちがって意識から切り離すべきイマーゴではなく、意識と結び付いたままでなければならないイマーゴである。

しかし、次の一節で、ユングのアニマ論に女性心理に関する意見が紛れ込む。

> 女性は、非常に異なったその心理によって、男性の目には映らない物事の情報源であり、また常にそうであってきた。女性は男性のインスピレーションとなることができる。しばしば男性のものに勝る女性の直感力は、時宜をえた警告を男性に発することができる。また、常に個人的なことに向けられている女性の感情は、女性に比べれば個人的なことに関心の薄い男性自身の感情ではけっして発見されなかったであろう数々の方法を男性に示すことができるのである。[10]

このようにアニマについての議論に女性心理が無断で侵入すると、サブリミナルな（潜在意識による）宣伝のような具合になる。女性は、自分が本当はどういう存在であるかということについての隠れたメッセージを与えられる。つまり、そのメッセージを女性は、自分がそれを受け入れてきたということも、どこからそれが発されているかということも意識的には知らないまま、吸収するかもしれないのである。そこでは、女性のアイデンティティは男性に奉仕することにあると言われているのである。このメッセージは、父権制下の女性が好むように仕向けられてきた自己イメージに一致するお世辞で表現されている。そのため、このメッセージが男性中心主義であることに気づく者は多くないであろ

う。これはユンギアンが「父の娘たち」と呼ぶ女性たちにとっては特に誘惑的で危険なメッセージである。父親から愛されて高く評価され，そのお返しに父親を愛し，信頼するこれらの女性は，男性に気に入られることによって自分の値打ちを感じ取る。父親がこれらの女性の才能を育んできたということも手伝って，これらの女性は，どんなに「外の世界」で成功しても，依然男性からの称賛を求める。意図的でないにせよ，ユングの理論に影響されると，女性は自分自身の内に自分の値打ちを感じられなくなる。

同じ論文の次の節でも，ユングはこの攪乱戦術を繰り返す。ユングはまず，「魂コンプレックスの性質が女性的である」のは，男性自身に女性的なところがあるからでもあると述べる。

　　ここで問題になっているのは，太陽がドイツ語では女性形であるのにたいして，他の諸言語では男性形であるといったたぐいの言語学上の「偶然」ではない。この問題に関しては，どの時代の芸術も証言してくれる。そのほかに，あの有名な問いもある。女性は魂を持つか？　という問いである。いささかでも心理学的洞察を持ち合わせている男性ならたいてい，おそらく，「どうしても言うことをきいてあげねばならない女」ということでライダー・ハガードがどういうことを言おうとしているか，わかるであろう。

次の行は再び女性心理にとぶ。

　　その上，彼らは，この神秘的な要因を具現しているたぐいの女性をすぐに認める。このこととなると，彼らの勘は非常に冴えるのである。(11)

この箇所では，アニマについての議論に，女性蔑視（「女性は魂を持つか？」「神秘的な要因」「どうしても言うことをきいてあげねばならない女」）が差し挟まれている。ここでは明らかにユング自身のアニマが彼の女性認識を歪めている。このアニマがあまりに強力なために，彼は現実の女性を見ることができなくなっている。その上，ある悲劇的な皮肉が加わる。自分のアニマの投影を経由しての

ことだが，女性が途方もなく力強いというようにユング，そしてたいていの男性たちが知覚していることと，女性たちが自分の無力さを体験していることがうまくつながらないということである。この皮肉がユングの理論でも，そして彼の後継者たちからも問題にされないのは，ほとんど普遍的ともいえる男性中心主義のためである。多くの女性のユンギアンはユングの女性蔑視に確証を与えてきた。なぜなら，彼女ら自身の内面化された抑圧は，ユングの意見に調子があっていてそれを保証するからである。

　他の著作でもユングはアニマと女性心理の同じ混同を繰り返している。次の箇所は，他の箇所と同様にアニマの記述から取られている。

　　　最後に，**空虚**さが女性の大いなる秘密であるということが特記されるべきである。これは男性にはまったく異質な何かであり，深い割れ目，底知れぬ深み，陰である。このうつろな実体ならざるものへの憐愍の情が男性の心をとらえる（ここでわたしはひとりの男性として語っている）。そして人は，これこそが女性の「神秘」全体をなしているのだと言いたくなる。このような女性は運命そのものである。男性は，それのどこが気に入っているかを述べるかもしれない。賛成しようが，反対しようが，あるいはその両方であろうが，結局は男性はこの穴に落ち込み，不条理にもそれで幸福なのだ。もしそうしなければ，男性は自分を男にする唯一のチャンスを逃し，しくじったことになる。[12]

　これらの言葉で女性を記述したところで，女性の自尊心が回復もしなければ，父権制のもとで「空しく」終わる女性の傷つきがまともにとりあげられるわけでもない。たとえこの一節がロマンチックな調子を帯びているとしても，「他者」として見られ，記述されることで女性は傷つけられる。このような記述が一般に行われていることで，結果的に女性は自分にそぐわない観点から自分を体験するようになる。これと同じぐらいに女性を損なうのは，内面化された抑圧に苦しむ女性が，男性を獲得する仕方を学ぶためにこのような文句を用いることである。なぜなら，「男性を獲得する」ことで，女性の側の社会的認知や自尊心の欠如が補償されるように感じられるからだ。地位があり，社会的に認められ，強い自尊心を持っている男性と結びつくことで，女性はこれらの性質

を無意識的に獲得しようとしているのかもしれない。しかし，このような男性と結びついたところで，自分自身に価値を認めることにはまったくならない。問題の核心をはずれているからである。

　ユングによるアニマの記述から，彼はどのような特徴を女性のものとしていたかがどんどん明らかになってゆく。たとえば，女性の「魔術的権威」である。先に引用した「どうしても言うことをきいてあげねばならない女」という言い方がそうだが，女性の現実の経験と並べるようにして，ユングが「魔術的権威」を女性に転嫁したことは，一種の悲劇である。この場合も，それは，アニマ自身がいかにはかり知れない力を持っているかをわたしたちに気づかせることにしか役立っていない。これほどにもアニマが強力なのだから，男性が社会的領域で女性を弱めようとしてきたのは驚くにあたらない。男性は自分のアニマを現実の女性と混同しがちである。そのため，強力なアニマと強力な女性が結びつけば自分が圧倒されると考えているのであろう。このようなわけで，男性は現実の女性が「外界」で実際の権力，権威そして尊重を得ることがないようにしておかねばならないのだ。男によって作られたこのような人工的な理論が女性を混乱させている。女性は自分を強いと体験しているのではなく，自分が強いというメッセージを男性（そして，このような種々の理論）から，受け取っているのである。このような理論は，女性に対する父権制社会の恐れを反映しているため，女性が権威とエンパワーメントへの権利を主張することはますます困難になる。

　ユングによるアニマについての議論はさらに続く。今度は，「煮え切らなさ」と「受け身の姿勢」が女性の特徴とされる。これらの特徴は，とりわけ自分の母親に同一化している女性によくみられるとのことである。

　　まず最初に，彼女らはあまりに空っぽなので，男性は自分が空想するどんなものでも彼女らに自由に押しつけることができる。その上，彼女らが非常に意識を欠いているため，無意識は目に見えない無数の触角，正真正銘の蛸の触手を繰り出す。これらの触手が男性の投影をすべて吸い上げ，そして，そのことで男性は有頂天になるのである。女性の煮え切らなさはすべて，男性の果断と一

徹さが熱望する片割れである。これは，もしも，疑わしく，あいまいで，あやふやで混乱したものをすべて，女性らしい無邪気さの何らかの魅惑的な見本に投影することによって取り除くことさえできるなら，申し分なく達成できる。女性は受け身であることが特徴であり，劣等感によって女性は，傷ついた無垢な人という役割をたえず演じることになる。そのために，男性は，魅力的な役割を当てられることになるのである。(14)

　ここでユングは危険なまでに女性の保護者ぶろうとしている。まるで女性は，甘やかすべきだが，真面目にとりあってはならないペットのようである。それにもかかわらず，女性心理についての多少の洞察も見られる（「劣等感によって女性は，傷つけられた無垢な者という役割をたえず演じることになる」）。しかし，この病理の形成に父権制がどのような役割を果たしているかということについての認識はないので，ユングの診断には，癒しと変化に必要な次元が欠けている。父権制社会は，「女性の煮え切らなさ」を大切にするのである。女性のはっきりした態度は，アニマの力と結びつくと，実際，脅威となるように思われる。
　自分の母親に同一化している女性は煮え切らなさに悩まされるが，ユングは「否定的母親コンプレックス」を抱えている女性の方がはるかに問題だと考える。ユングによれば，このような女性は，几帳面な批判的態度，何事にも逆らう気質，人生を前向きにではなく後ろ向きに見る傾向に自分自身悩んでいる。しかし，このような傾向を克服することができれば，このような女性は男性にとってすばらしいパートナーとなる可能性がある。なぜなら，このような女性は，男性の霊的な案内人と助言者として，世に知られることなく，きわめて影響力のある役割を演じるかもしれないからだ。

　　こういう女性は男性に脅威を与えない。なぜなら，彼女は男性の心に橋を架け，その橋をわたって男性は自分の感情を安全に向こう岸へと渡すことができるからである。彼女の明晰な理解にインスピレーションを受けて男性は自信を得る。・・・このタイプの女性が持っている理解力は，暗やみと一見終わることがないように見える生の迷路の内に入り込んでしまっている男性にとって導きの星となるだろう。(15)

ユングは再び露骨に，女性における内面化された抑圧を助長し，自分の男性中心主義がいかに深いかを証明する。これを読む女性は自分自身を，「男性に脅威を与えない」タイプの女性か，そうでなければ，本当は自分はこうであると期待されているタイプの女性だとみなすであろう。言い換えれば，女性の価値は，どの程度，男性を怖がらせないかということで計られるのである。男性に脅威を与えない女性は，自分が一見幸運そうに見える機会をとらえて，実際に男性を怖がらせる女性に対して自分の方がすぐれていると主張するかもしれない。自分自身，力を奪われているというのに，彼女は自分に比べて「魅力的」でない自分の姉妹を「こきおろす」のである。どちらの場合でも，男性の観点がものを言っている。

しかし，ある積極的な洞察も浮かび上がってくる。アニマは明らかに男性の心の中にあるはかり知れない力である。女性心理に関するこの種の発言をするとき，男性は女性自身ではなく，自分のアニマを知覚しているのだ。そのことが分かれば，女性は惑わされずにすむだろう。ユングのアニマ概念は，両性を支配している混乱を解きほぐす上で役に立つ。男性の作り上げたもろもろの女性心理学の領域では特にそうである。アニマ投影を概念化することで，ユングは，他の男性心理学者たちに広く見られる現象に名前をつけ，その本質を照らし出すのである。

男性の人生にアニマがどのような影響を及ぼしているかという面からアニマをはっきりと見つめよう。元型的イメージの力を記述するためにユングが「ヌーメン的なるもの (the numinous)」というルードルフ・オットーの用語を使ったことを思い起してほしい。オットーは神的なるものの力を言い表すのにこの語を用いた。オットーによれば，ヌーメン的なるものは，不気味さ，気味悪さ，この世ならぬもの，悪魔的恐怖，不自然で法外な恐れ，畏怖と圧倒される感じ，エネルギーの要素，切迫，まったくの他者，そして魅惑を呼び起こす。オットーはこれらの言葉で明らかに，恐れと魅力の強烈な混合を言い表そうとしている。ユングにあっては，アニマがまさにこの混合を含んでいるのである。このような高められた両価性は，男性が自分の「女性的」側面を知覚するうえで重要な意味を持っている。ユングが恐れと魅力をペアにしているのは，以下

の一節から明らかである。

> 男性にとって母親は最初から決定的に象徴的な意味を持っている。たぶん，そこから，なぜ，彼が母親を理想化しがちになるかがわかるであろう。理想化は隠れた魔除けなのである。悪魔祓いすべき秘密の恐れがあるときはいつでも，人はそれを理想化する。恐れられているものは無意識であり，その魔術的な影響力なのである。(16)

またしても，ユングの男性中心主義が女性にとってのモデルをねじ曲げる。女性は男性より，無意識とその「魔術的な影響力」とより密接に結びついていると思いこまねばならないのであろうか。もちろん，いくつかの点ではそうかもしれない。それは，ジーン・ベイカー・ミラーによってうまく説明されている。彼女は，被支配者が，そうでないものより支配者のことを，いつもきまっといっていいぐらいに，よく理解しているということを教えてくれているのである。女性が持っている理解力は，男性から見ると，「無意識」とその「魔術的影響力」を表しているように映るのかもしれない。しかし，それは，社会における男性と女性の相対的な位置関係から説明した方が納得できる。被支配者は支配者をわかっていなければならない。時には自分の生き死にがそれにかかっているのだ。(17)

　母親の重要性に関するユングの説明は，はなはだ一方的であり，恐れられている者の気持ちを汲むということに欠けている。女性／母親は一つの対象，他者にされているのだ。アニマに関する次の一節におけるユングの女性理解にも同じことが言える。

> どの母親も，どの恋人も，この，あまねく存在する年齢を超越したイメージの担い手と化身にならざるをえなくなる。このイメージは男性における最も深い現実に対応するからである。〈女性〉のこの**危険**なイメージは男性のものである。彼女は，男性が人生の数ある関心事の中でも時には優先させねばならない忠誠を代表しており，すべてが失望に終わるリスク，戦い，犠牲を補うのに大いに必要とされているものであり，人生のあらゆる辛酸にたいする慰めである。

それと同時に彼女はまた，大いなる幻想をつむぎ，誘惑し，自分のマーヤーで生の中に男性を引き込む。その生には，単に人生の合理的で有用な側面だけでなく，善と悪，成功と破滅，希望と絶望が互いに相殺しあっている生の恐ろしい逆説と両価性も含まれている。男性の最大の危険である彼女は男性から彼の最も重要なものを要求する。そして，男性がそれを自分の中に持っていれば，彼女はそれを受け取るであろう。・・・母親のイマーゴをかくも危険なほどに力強くしているもろもろのヌーメン的な性質は，アニマの集合的元型に由来しているとみてほぼ間違いない。男の子が生まれるときには必ずそこにアニマが新たに受肉しているのである。(18)

エドワード・ホィットモントは，アニマに対する男性の「ひそかな恐れ」についてはるかに具体的に記述している。「実際のところ，恐れと魅力は，絶対的他者，すなわち，異性の世界と対決するときにいつもいっしょになる。・・・母親と息子が良い関係を持っている場合でさえ，女性に関する期待のパターンには，ひそかな恐れという要素が含まれている」。(19)女性を記述するのにホィットモントが「絶対的他者の世界」という言葉を用いることは印象的だ。「絶対的他者」は神を言い表すのに用いられることもある言葉である。それを女性に用いるということは，またしても，アニマを投影することで男性は女性の人間性を認められなくなるということではなかろうか。ユングの場合もそうだったが，ホィットモントによるアニマの記述にも，現実の女性たちと男性自身の内にある「女性的なるもの」への男性の恐れがのぞいている。女性たちと「女性的なるもの」と呼ばれてきたものを男性が恐れながら，これらに引きつけられるということは，フェミニズムの観点からすれば苦もなく理解できる。父権制の文脈の内部に位置づけたうえでのことだが，女性たちに対する男性の恐れと，アニマへのその対応を理解することは，女性蔑視を癒す第一歩となるかもしれない。しかしながら，恐れに満ち，強引で，文脈を無視したユングとホィットモントのイメージではこの目的はかなわない。ユングとホィットモントは，恐れそのものに挑戦するというよりはむしろ，男性の女性恐怖を象徴のレベルに引き上げ，神話にしてしまっているのである。それゆえ，彼らの努力は，自分のアニマとの意識的関係に入ることに向けられている。この企て

は，正しい方向に向けての混乱した半歩であるが，癒しの力に欠けている。癒しの力を持ちうるには，なぜ父権制が女性を貶めるかを説明し，どうして男性が十把一絡げに恐れるのかをじっくりと考察しなければならないであろう。

アーネスト・ベッカーの有名な書物，『死の否認』は，この恐れの起源に光をあててくれる。以下の一節で，ベッカーは，どんな子どもも自分の傷つきやすさと身体性を発見したときに恐怖を覚え，男性的な観点をとることで，それを普遍的なものとして一般化すると論じている。

> 母親の現実の脅威は，彼女の純然たる身体性と結びつけられるようになる。母親の性器は，身体性の問題に関する子どもの強迫観念にとって恰好の関心の的として用いられる。もしも母親が光の女神ならば，母親は闇の魔女でもある。子どもに見えてくるのは，母親と大地の結びつき，母親を自然に縛りつけている彼女の秘められた身体のプロセス，不思議なべたべたするミルクが出てくる乳房，月経の匂いと血，生命を生み出す母親が自分の身体性にほとんどたえず没頭していること，そして，言うまでもないことで，しかも，子どもが非常に敏感になっていることだが，この没頭がしばしば神経症的で絶望的な性格を持っていることである。子どもは母親の出産という謎を理解するうえでヒントをつかみ，赤ん坊が世話されるのを見る。そして，トイレいっぱいの経血だというのに魔女が平気で気にもしないままでいる様子なのをたっぷり見せられる。そうなると，精神性のかけらもないそのものずばりの身体の意味と身体のもろさの数々に母親がどっぷりとつかっていることはもはや何の疑いもなくなる。母親の体からは決定論がにじみ出ているにちがいない。そして子どもは，母親という身体的に傷つきやすいものに自分が完全に依存していることが怖いと言い出す。だから，男の子が男らしさを好むことだけでなく，女の子が「ペニスを羨望」するのももっともな話である。男の子も女の子も，母親に代表される性から逃れたいという欲望に屈する。子どもたちは何の苦もなく父親とその世界に同一化する。父親は体の面でより中性的であり，より清潔な力にあふれ，体に縛られることが少なく，より「象徴的に自由」であるように見える。父親は，家庭の外の広大な世界，体系だって自然に打ち勝つ社会を代表しているのだ。このはかなさからの逃げ場こそ，子どもが求めているものなのである。[20]

フェミニズムの視点から読むならの話だが，これこそ，恐れの源泉をずばり明らかにしてくれる一節である。ユングとホィットモントと同じく，ベッカーにも，自分が記述する母親に対する思いやりがまったくない。体に対する彼の恐れは非常に大きく，それがすっかり「母親」に投影されているため，彼は母親から疎外されてしまっている。アニマが母親にほとんど全面的に投影されているので，彼には，これほどまでに嫌悪されればどのような気持ちになるだろうかということが理解できない。彼は，「身体性」，依存，そして傷つきやすさに対する恐れが普遍的化されていることに気づいているが，自分が恐れているこれらの性質が自分自身のものであるということを認める前にそこから尻込みするのである。これを認めまいとして自分を防衛するために彼は，これらの性質を母親に投影し，(この恐れが普遍的で，「女性的」な性質だと公言することによってであるが)体についての人間の経験から疎外を一般化し拡大してゆく。彼の恐れは，有機的で，朽ち果て，大地に結びついていて，物質的なものに向けられているように思われる。彼が男性を記述するのに用いる言葉，「体の面でより中性的であり，より清潔な力にあふれ」は，物質的なものから自分自身を解離させたいという自分の欲望を表している。ベッカーの記述は，一般的に言えば，人間が体として生きていることの意味から逃れたいという西洋男性の欲望の例である。このように，人間存在のこの本質的側面が，他者，すなわち女性に投影されることで逃避がなされているのだ。

　ユングは mother（母親）と matter（物質）という言葉の語源的繋がりを重要視した。どちらの言葉ともラテン語の mater に由来している。「母なる大地（mother earth）」は，ユングにとって，重要な隠喩であった。男性が「清潔な力にあふれ」ており，「生命を生み出す母親が自分の身体性にほとんどたえず没頭している」というベッカーによる記述に，以下の議論におけるユングの言葉を後押しさせよう。ここでユングが表明している懸念は，聖母マリアの被昇天の教義（ユングはこれを他の理由で非常に評価している）が物質を否定しているのではないかということである。というのは，物質と母親は一方を欠けば他方も成り立たないという関係にあるからである。

キリスト教の「天の女王」が放っている性質は，その輝き，善性，そして永遠性を除けば，あきらかに，オリュンポスの神々のものばかりである。粗野な物質的堕落に最も傾きがちなものである人間としての体でさえ，エーテルの不滅性を帯びてしまっている。・・・こうなると，当然のことながら，心理学者の心には次のような疑問が湧いてくる。母親イメージが特徴的な仕方で大地，闇，動物的情熱と本能的性質を持つ身体的人間の底知れぬ側面，そして「物質」一般に対して関わっているということはいったいどうなってしまったのか，と。[21]

　ユングは「身体的人間の底知れぬ側面」（物質的，自然的，本能的側面）が女性だけのものではなく，誰にもあるものと理解されるべきだと考えている。にもかかわらず，象徴的，女性的な言語を使用することによって彼は，女性たちと女性的なるものが人間の身体的側面を代表しているという印象をあたえている。この点でユングは，西洋の父権的哲学とキリスト教神学にたくさんの仲間を見つけることができる。

　恐れと畏怖，そして物質との結びつきをユングがアニマのものと見なしてきたことを考えるならば，生と死とおなじぐらいに強い対立物がこのイメージに入り込んできているのは明らかである。アニマ概念は，有機的で，畏怖を呼び起こし，力づよく，一見非常に恐ろしげな人間存在の側面を代表している。アニマが恐れと畏怖を呼び起こすのは，根本のところでは，彼女（アニマ）が生と死，究極的な始まりと終わりと結びついているからなのだろうか。人間存在のこの側面は，「男性的」でないのと同様「女性的」でもない。それにもかかわらず，物質的レベルとアニマ，女性的なるもの，女性たちが象徴的に結びついていることの意味は深い。ユングがアニマ概念で意図したことは，このイメージが自分自身の一部であると主張できるように男性たちを鼓舞することであった。しかし同時に，象徴的な女性的言語が働いているために，男性は一歩退いて，自分の人間的脆さ，感情的なところ，傷つきやすさを完全には認識できないままでいることになる。このようにして，アニマの象徴的言語は誘惑的かつ危険に働き，自分も体を持っていて傷つきやすいという現実を避けたいという男性の欲望を強めるのである。もしも，男性がこれらの性質を，自分のアニマに属するものとしてよりはむしろ，完全に自分のものであると感じるなら

第6章　フェミニズムのレンズを通してみた分析心理学　147

ば，男性はより真実に近づくことになろう。感情全般にもより近くなり，女性たち，アニマ，そして「女性的なるもの」から疎外されて，それらを恐れることもより少なくなるであろう。

　アニマについてのユングのもう一つの議論は，象徴的な女性的言語の問題をもっとはっきりと例示してくれる。

> アニマは，情動と感情が働くときはいつでも，男性の心理のなかの最も重要な要因になっている。アニマは，彼の仕事と，男女両性の他の人々との情緒的関係をすべて，強め，誇張し，ねじ曲げ，神話にしてしまう。そこから起こる空想ともつれはすべて，アニマの仕業である。アニマが強力に布置されると，男性は性格が軟弱になり，怒りっぽく，短気で，気まぐれで，嫉妬深く，虚栄的で手に負えなくなる。⑳

このような言語によって，男性が自分の情動的，感情的側面を統合することの難しさが神話にされる。その難しさを「アニマ（her）」の仕業にすることによって，ユングはまたしても，たとえそれが「内なる女性」であるにしろ，男性たちにいろいろ迷惑をかけているということで女性たちを非難しているようにみえる。この場合，投影を作り出している要因を「彼女」として擬人化してしまっているのは，神話的，象徴的な観点の行き過ぎである。

　アニマ概念によってユングは，男性のなかにある「女性的」側面を認め，男性が自分のこの面と折り合えるようにする努力の第一歩を踏み出した。フェミニズムの観点から見るならば，ユングによるアニマの記述は，西洋の男性が苦しんでいるようにみえる情動からの疎外の源泉を明らかにしている。体，傷つきやすさ，依存性，そして感情はこれまではすべて女性的なるものと女性に投影されてきたが，これらに対する男性の恐れは，現実を歪める働きをする。ユングのアニマ概念によって，男性は，「身体的人間の底知れぬ側面」を自分自身の「女性的」部分として認められるようになる。しかし，それは男性と女性のお互いの関係の解決にはけっしてつながらない。というのは，そこには女性蔑視と隠された恐怖がともなっているからである。人はユング心理学に含まれ

ている性差別から抜け出るために一歩前へ進むごとに、これに対応するかのように、少なくとも一歩後退する。アニマの場合、ユング心理学は性差別とその最も深い形で、すなわち、自分の身体性と情熱が意味するものから逃れたいという男性の欲望となって交錯している。

女性的なるもの

　ユングとユンギアンは、「女性的なるもの (the feminine)」という用語を、アニマに近いが同じではないものとして見ている。「女性的なるもの (the feminine)」は、「女性原理 (the feminine principle)」を短くしたものである。一つの元型であると同時に、この世界での女性たちの意識的な生き方でもある。かつてはユングの患者で、後に彼の愛人で協力者になったトーニ・ヴォルフは、女性的なるものの四つの元型的な形を表す図式を作った。アン・ウラノフはこれらの四つの形を、著書『ユング心理学とキリスト教神学における女性的なるもの』の中で練り上げている。ヴォルフとウラノフの仕事はユングの心理学的類型と同じ原理で働いている一つのタイプ論をなしている。「女性的なるもの」を図で描くとすれば、四つのタイプは互いに「対立」しあい、内部に四角形を描かれた円の四本の線で表される。ユングのタイプ論では、たとえば、思考と感情が対立しているが、彼女らのタイプ論でも、ちょうど「霊媒」と「アマゾン」が反対であるように、「母」と「ヘタイラ」が反対である。この対立が意味するのは次のことである。すなわち、人はちょうど、霊媒（まわりの集合的無意識にダイヤルを合わせる女性）とアマゾン（自立した女性）に同時になれないように、母とヘタイラに同時にはなれないのである。どの女性も一つの優越タイプ、一つか二つの「機能的タイプ」、そして一つの「劣等タイプ」を持つことになっているところは、ユングのタイプ論とまったく同じである。このタイプ論が四つでできていることは、先に検討したユングのモデルの両方の傾向を例示する。すなわち、バランスへの潜在傾向と葛藤への潜在傾向である。「女性的なるもの」のこれらのタイプは、生まれつきで、性格の基礎になると考えられており、ユングの元型的イメージと同じく、これらも聖なるものと結びつい

ている。

> これら女性的なるものの根本的な元型の形は，歴史を通じてあらゆる文化の神話と伝説に記述されている。たとえば，王女，乙女，老賢女，魔女などが繰り返し語られる話である。日常の会話で，自分の知りあいか耳にしている女性たちのことを言い表すとき，わたしたちはよく彼女らをタイプ分けし，知らず知らず元型的イメージを用いている。ありふれた例だが，ある女性を「魔女」とか「男食い」などと呼ぶ場合である。女性的なるものの元型的な形は，ある人が自分の女性的本能をどのように水路づけし，もろもろの文化的要因に対してどのように自分を方向づけているか，その一定の基本的なあり方を記述している。それらはまた，その人がどのようなタイプの女性かということ，あるいは，ある男性がどのようなタイプのアニマ人格を発達させるかをも示す。[23]

上のウラノフの引用に見られるように，ユンギアンはしばしば，女性たちが意識の上でどのように「女性的」かということを男性たちのアニマ・タイプに結びつける。

多くのフェミニストは，このように心理学と象徴体系の基礎として神話と伝説を用いることを批判してきた。なぜなら，私たちが受け継いできた神話と伝説は父権的意識を表しているからである。ここでもそうだが，男性との関係（あるいは関係のなさ）という面から女性のアイデンティティを見る類型論に含まれる男性中心主義に簡単に触れておこう。ウラノフはこの四つのタイプのそれぞれを女性の関係一般と特に男性への関係という面から定義する。たとえば，母は，「集合的に人々と関わりを持ち，男性のペルソナに関わる」。ヘタイラは「個性的に人々と関わり，男性の中の個人的無意識と主観的アニマに関わる」。同じような関係性の強調は霊媒とアマゾンにも当てはまる。霊媒は「個性的に非個人的目標に関わり，男性の中の集合的無意識と客観的アニマに関わる」。アマゾンは「集合的には非個人的目標に関わり，そして男性の中の自我と関わる」。[24]このタイプ論には社会的役割を「元型化」，すなわち「実体化」する危険がある。宗教が社会的役割を正当化するというピーター・バーガーの議論がここで役に立つ。彼は次のように指摘している。「社会制度が宇宙的なものにさ

れることによって，個人は，社会で果たすように期待されている自分の役割が認知的にも規範的にも正しいのだということについての究極的な感覚を得られるようになる。・・・役割と，その役割が所属する制度に宇宙的意味が授けられると，それらに対する個人の同一化はさらに一歩進んだ次元に到達する[25]」。

　もろもろの行動様式と社会的役割が象徴のレベルに引き上げられることによって，女性が父権制において犠牲になってもかまわないことになる。たとえば，売春婦の惨めな生活は，このように元型的に理解されると，ほとんどロマンチックとも言えるような調子を帯びて神聖なものとして正当化されかねない。ヘタイラ・タイプについてのエドワード・ホィットモントの議論はそれを証言する。

　　　個人的な感情とその絶え間ない変化に心を奪われているので，このタイプの女性にとっては，どのようなものにしろ，外部との永続的関係にコミットするのは難しいかもしれない。実際，このような女性は，その男性版である永遠の少年（puer aeternus）（訳注3）と同様に，いかなる具体的なコミットメントからも尻込みし，感情があてもなくさまようというかりそめの生活をいつまでも送るかもしれない。このタイプを表す神話的イメージは，愛の神々，愛の奉仕をするように捧げられた神聖娼婦と巫女である。誘惑する女，ニンフ，美しい魔女と娼婦もその不適応的な側面を表す[26]。

　「美しい魔女と娼婦」という言葉は，このような女性たちに対する男性の感情を表現しているのかもしれないが，女性の経験の情緒的，社会的現実を捉えているとは言いがたい。ある売春婦がユング派の分析家のオフィスを訪れたとしよう。分析家の目的は，ヘタイラ元型的イメージの不適応的な側面への同一化からその女性を解放することであろう。ここでわたしには一つの疑問が起こる。そもそもなぜこのような女性の体験を元型化するのだろうか。そうすることでかならず社会の現実に宇宙的次元が与えられることになる。性差別の現実と聖なるものの結びつきを解き放ち，見抜くことこそ，真の癒しとなり，社会的現実として拡大されている父権的な見方の歪みから神秘性を取りのぞくことにな

るのではないだろうか。

　「女性的なるもの」を女性たちの意識的側面として，そして，一つの元型的な原理としてみなすことに加えて，ユングは無意識そのものを「女性的なるもの」一般と考えていた。「心理学的には自己は意識的（男性的）と無意識的（女性的）の一つの結合であり，心の全体性を表す。このように定式化すれば，自己は一つの心理学的概念となる」[27]。一般的原理として，この定式化は，女性たちのためにはならない。そして，ユングは，女性たちの「女性的意識」に関する自分の発言にこれをどのように一致させようかなどということにあまり頭を煩わさなかった。しかし，実際にこの問題を考えたときには，次の一節のように，自分でも矛盾を認めている。

　　もしも，月（Luna）が女性の心を特徴づけ，太陽（Sol）が男性の心を特徴づけるとするならば，意識はもっぱら男性的な事柄になってしまう。ところが，それは明らかに事実ではない。女性も，意識を持っているからである。しかし，あらかじめ，太陽が意識と，月が無意識と同一だとしてしまっているのだから，女性には意識は持てないという結論に導かれざるをえないであろう。[28]

　このモデルをさらに追求するうえでこれらの困難をものともしない他のユンギアンたちのなかには，ユングのさらにその先を行こうとしたものもいる。エーリッヒ・ノイマンは次のように断言する。「男性は，自分の意識の〈男性的〉構造を自分に固有のものとして，そして，〈女性的〉無意識を自分に異質なものとして体験する。一方，女性は自分の無意識では居心地よく感じ，意識では場違いだと感じる」[29]。

　ユングが無意識を「女性的」と特徴づけたことは，ある意味で，男性たちのためになるだけでなく，女性たちのためにもなる。重要な社会制度と知の様態はすべて男性的意識を反映している。そのため，女性たちが経験していることは，誰の目にもとまらずに地下に潜ることになる。だから，無意識は女性的なのである。とりわけ，男性の領域に入って，そこで受け入れられている自己表現の様態である支配の言語を受け入れる女性たちにとって，無意識は女性的と

なろう。しかし，すでに繰り返し見てきたように，ユンギアンによるこのような現象の説明の仕方は常に，それが宇宙の秩序だとでもいう意味あいを伝えており，社会的批判は，たとえあったとしても，ないに等しい。

アニムス

　ユングはアニマの概念を自分自身の経験から引き出した。いくつかの点で自分の投影を見抜きえなかったとしても，女性についての男性の感情を理解する上で，特筆すべきモデルを導きだした。男性たちが不適切にアニマを投影すればするほど，いかに父権制文化の中で女性たちの力が貧弱になるかということをわたしたちはこのモデルを用いて理解することができるようになってきたのである。アニムスとなると，話はまったく別である。ユングは，心には反対の性の傾向があるというモデルにこだわり，そのモデルにおける主な要因として潜在的バランスをどこまでも大切にしようとする。ところが，これがアニムスのこととなると，そこから深刻な歪みが生じる。男性たちがアニマを理解するようには女性たちがアニムスをたやすく理解しないというユングの嘆きはすでに述べた。女性が魂を持っているかどうかという難問を彼が蘇らせたことに対して女性たちが非難の反応をしたことがその一つの理由かもしれない。それらに加えて，ユングのアニマの記述は自分の人生から出てきているが，他の男性たちの経験とも結びついており，これに対して，ユングによるアニムスの記述は女性たちの生の経験から，一歩隔たっている。実際，それらは，さまざまな精神状態にいる女性を見るということが，ひとりの男性として，どのような具合に感じられるかを彼が記述したものである。アニムスは元型であるどころか，派生してきたものであるというナオミ・ゴールデンバーグの批判は的を得ている。常識的に考えても，ユングは，アニマと違ってアニムスを実際に「生きる」ことはできないであろう。ユングの全集ではアニムスによりもアニマにたくさんの言及がなされていることは，彼がアニムスよりもアニマにはるかに個人的に関与していたことを証言する。

　第4章で分析心理学の理論を紹介したとき，わたしは特にアニムス理論の二

つの側面を論じた。すなわち，アニマが「単数であること」と対照的にアニムスが「複数であること」，および，女性の魂についての議論にとってそれが重要な意味を持つことである。「バランス」あるいは「シンメトリー」のモデルからのもう一つの枝分かれが起こるのは，ユングが，異性の親は子どもの最初の投影の対象であると思いこむときである。これは，息子はまず母親に投影し，娘は父親に投影するということを意味する。「ちょうど母親が息子にとって，投影を引き起こす要因の最初の担い手であるように，父親は娘にとって同様の存在である」。ここでユングは性の相補性という自分のモデルにこだわることで道を誤ることになる。父権制下では女性がもっぱら子育てを行っていることの影響に関するフェミニズムからの研究は，このユングの見解を是正するうえでどうしても欠かせない。これらの研究から示唆されることをユング派的に言うと，次のようになる。子どもが皆，まず父親にではなく母親に投影するのは，子どもを最初に養育し，抱き，着替えをし，世話をするのが女性たちだからである。まれに子どもの第一の養育者が男性であることもあるが，その場合でさえ，子どもはそれまでに母親の子宮の中で9か月過ごしている。このことから母親は依然ある種の優位性を持つことになる。といっても，このように育てられた子どもが，信頼，見捨てられないかという心配，憧れ，愛情の気持ちがありながらも「第一養育者イメージ」を父親に投影する可能性は，たいていの子どもたちよりも高いであろう。ナンシー・チョドロウは男の子と女の子の人格発達を，彼らが最初に母親と持つ関係から説明する。

　それゆえ，成長するにつれて関係性に関する体験が女の子と男の子では違ってくるのは，女性が子育てをすることから説明される。・・・男性の人格に比べて女性の人格は，内的対象の抑圧と自我における固定して堅固な分裂に基づいたものではなく，外的関係の保持と継続に基づいたものになる。・・・女の子に比べて男の子は，他者から分離していて，際だっており，堅い自我境界を持って分化しているという感覚を持った人間として自分を定義する。基本的に女性の自己感覚は世界と結びついているのに対して，男性の自己感覚は世界から分離している。

チョドロウのようなフェミニズムの理論家は、父権制下では、ほとんどどこでも女性が子育てをしていることを考慮に入れる。これに対して、性のシンメトリーのモデルにこだわるユングには、この社会的事実とその結果が見えない。それゆえ、フェミニズムの観点はユングのモデルよりも社会における女性蔑視に光を投げかけることができる。もしも、母親がすべての子どもの最初の投影の対象であるのなら、まさにそのために、母親と「女性的」と見なされるものは、男女を問わず、人生ですこぶる重要となる。母親についての体験は根本的なものであり、感触、匂い、栄養および自己と他者に関する最も早期の関係に基づいており、後の母親のイメージと記憶がこのように有無を言わさず、おそらく原始的とさえいえる性質を持ってくるのも不思議ではない。ベッカーが「男性は体の面でより中性的で清潔である」と見るのはこの意味では正しい。ドロシー・ディナースタインが指摘するように、もしも、女性たちが現在行なっているように、男性たちも子育てをするなら、おそらく男性も女性もともに「肉体的」と見られるであろうが、どちらも「中性的で清潔だ」と見られることはないであろう。

否定的アニムス

すべての元型的イメージと同様に、アニムスについてのユングの概念にも肯定的極と否定的極の両方がある。アニムスについての彼のさまざまな議論のなかでも、「否定的アニムス」あるいは「アニムスに取り憑かれた」女性についての議論が幅をきかせている。ユングによれば、「アニムスに取り憑かれた女性はいつも自分の女性性、良く適応している女性的ペルソナを失う危険にある。それは、同じ状況にある男性が女々しくなるのとまったく同じである」[32]。もしも、診断の道具として使われるなら、「アニムスに取り憑かれた」という用語は中立的なものでなければならない。要するに、その意味は、ある女性が自分のアニムスと折りあいが付いておらず、「彼」を統合しておらず、そのために、このイメージのなすがままになっているということになろう。しかしながら、あいにく、アニムスに取り憑かれた女性に関する議論は、中立的でもなければ、思いやりがあるわけでもない。

第6章　フェミニズムのレンズを通してみた分析心理学　155

　知的な女性たちにおいては，アニムスがあら探しの議論好きと知ったかぶりを助長する。しかし，それは本当のところは，重箱の隅を突くような見当違いの議論をくどくどと繰り返し，馬鹿馬鹿しいことにも，これをさも重大なことに仕立て上げることでしかない。あるいは，完全に明白な議論が，まったく違った，場合によってはひねくれた観点のためにこんがらがり，本当にこちらまで頭がおかしくなってしまいそうになる。そのことを知らないこのような女性は男性を激昂させることにだけ熱心であり，その結果，それだけますます完璧にアニムスの言いなりになる。「おあいにくさまですが，いつだってわたしの言っているとおりなのよ」と，こんな女どもの一人がかつて，わたしに打ち明けたものだ。(33)

　たいていの知的な女性は，ロゴスの領域での自分の無能ぶりを思い出させる女性蔑視的な人々と暮らしていることが多いものだから，このような描写で楽しくなったり，啓発されることはないだろう。これらの記述は女性たちを内面化された抑圧から解放するよりはむしろそれを強める。父権制からのメッセージのなかでも女性たちを最も傷つけるものの一つは，彼女らがはっきりとものを考えないというメッセージである。アニムスに取り憑かれた女性たちに関するユングの描写は，「はっきりと考える」ことに女性がどのような困難を持つにしろ，それを生み出してきた文脈を批判するよりはむしろ，先のメッセージを強める働きをする。
　「あら探しの議論好き」「知ったかぶり」「くどくどとした繰り返し」「見当違い」「馬鹿馬鹿しさ」「こんがらがった」「こちらの頭までおかしくなる」「ひねくれた」「激昂させる」はすべて情動を帯びた言葉であり，ユングが女性のある種の情動表現にいらだたされていたことを示唆している。実際，これらの言葉は無力な怒りさえ暗示している。それはまるで，ユングがこれらの「種類の」女性によるフラストレーションと取り組むために「アニムスに取り憑かれた」女性というラベルを彼女らに貼りつけたかのようである。ユングほどに大きな権威と威信を持つ男性からこのようなレッテルを貼られると，それは破壊的な力を持つことになる。
　「アニムスに取り憑かれた女性」というユングの用語は，フロイトがある種

の女性たちに貼った「去勢する女性」というレッテルと通じている。その目的は同じで，女性たちを，控えめで，「女らしく」，無力なままにしておくことである。ただし，例外がある。女性たちが「女らしさ」にエンパワーメントを見出せるのなら，どんな間接的な手段を用いてもかまわないというのである（多くのユング派の女性は，ユング派の分析家になり，著作することで地位と権威を主張してきた。しかし，このような活動はアニムスの統合としてみなされ，本来の意味での女らしい考えとはみなされないであろう）。現在使われているような意味での「アニムスに取り憑かれた」という用語は，女性たちのことをまともに考えたものではないので，ユンギアンはこの言葉の使い方を考え直さねばならない。男性と女性が平等であり，自分の反対の性に関して左右対称の関係にあるというユングの考えには，女性が被っている抑圧に対する気づきがまったく欠けている。この当然の次元をまじめに取り上げなければ，ユングの心理学は女性たちにとって完全な癒しになることなどありえない。

　女性が社会的に抑圧されていることへの気づきを唱導するからといってわたしは，女性には自己批判の必要がないとか，女性が無垢で罪がないとか，他人に悪いことをしたり，権力をふりまわして傷つけることなどできないと言っているのではない。自己評価の貧弱な人々が他の人々に深い傷を負わせることは可能であり，実際しばしばそうである。しかし，わたしが指摘しているのは，女性蔑視的な社会が女性たちの自己評価を傷つけるように影響し，ユングが父権的態度に調子を合わせるときに彼のユング心理学が同じような影響を及ぼすということである。女性たちに対する父権制の否定的メッセージを強めるユング心理学は，彼女らの傷を深めるだけであり，女性を癒さない。

　ユングが「アニムスに取り憑かれた」というラベルを貼った女性たちに見られるこの種の行動をもっと思いやりをもって見る方法がある。それは，「内面化された抑圧」の概念を用いることである。女性におけるいわゆるアニムス憑依は，女性の心の中で働いている内面化された抑圧の好例である。セルフ・ヘイターはほとんどいつも存在して働いているのであるから，女性たちは，自分の思考能力を害なう内なる声の犠牲になっているのである。女性たちは自分を荒廃させる傾向に悩まされているのだから，ユングが「アニムスに取り憑かれ

た女性」と特徴づけた仕方で彼女らが，（時には男性たちもそうだが）「あら探し」をしたり，「議論好き」のように見えることがあるのは当たり前である。「アニムス憑依」は，女性が社会でまともに扱われていないことの内面化として理解するなら，意味がある。宇宙的原理の否定的極として理解すると，意味をなさない。

肯定的アニムス

　肯定的なアニムス，あるいは統合されたアニムスによって，女性は的を絞ってはっきりと考えられるようになる。もしも女性が「彼」の言うことに耳をかたむけるなら，「彼の」導きで，女性は，たぶんそうでない場合には欠くことになるであろう権威と方向性を得られる。ユングによるアニムスのもう一つの特徴づけは，明らかに「彼の」補償的機能を示唆している。

> 女性の心の中で補償する形姿は男性的な性格のものであり，それゆえにアニムスと名付けるのが正しい。・・・男性がまだ暗中模索している物事に女性がしばしばはっきりと気づいているように，もちろん，男性の体験領域のなかにも，女性にとっては，まだ未分化な影のなかに包まれているものがある。これらは主に，女性がほとんど何の興味も示さない物事である。女性にとっては概して，もろもろの客観的な事実とそれらの相互のつながりよりはもろもろの個人的な人間関係の方が重要で興味深い。商業，政治，技術そして科学の広い分野，男性的な心が適用される領域全体を女性は意識の周辺部に追いやっている。[34]

　ここでの問題はユングの出発点である。彼は，女性が「もろもろの客観的事実とそれらの相互のつながり」に関心を示さないと思いこんでいる。この「本性上の」欠陥を認めるなら，女性は，このような物事について考える能力を持つためには「アニムス」が必要であるということになる。第二の問題は，アニマについてのわたしたちの議論を思い起こさせる。自分の思考の側面を男性的と考えることによって，女性たちは自分の思考から遠ざけられる。もっと正確に言うならば，自分の「思考的側面」を，ユング流に擬人化して「彼」と呼ぶならば，女性は父権制が奨励する傾向と結託し，男性だけが合理的で，論理的で，

頼りがいがあると見るようになるのである。ちょうど，男性たちには，自分の**男性**としての傷つきやすさ，依存性，体に対する心配が自分にもあると認めることが必要なように，女性たちも，**女性**なりの権威，明晰さ，分析能力が自分にもあると認めることが必要である。そして，このようにして女性たちは，自分のなかにある権威に対する父権制社会の恐怖に挑戦し，これを打ち壊すのである。

　これらの欠点にもかかわらず，アニムス心理学を含めてユングの心理学は，多くの女性に大きな意味を持ってきた。彼の出発点からすれば，女性なりの自然な権威，論理，合理性に関して女性は劣等な地位に置かれたままになる。しかし，この図式によって女性たちは自分の「男性的側面」を経由してこれらの性質が自分にあると主張することができるのである。それらが自分の中にあるということを何も主張しないよりは，こちらの方がはるかに女性を解放するものであることは明らかである。さらに，ユング心理学に引きつけられる女性たちは，ユングの仕事では「女性的なるもの」が評価されているのを知り，わたしたちの社会が価値を置かない仕方で自分が擁護されているのをしばしば感じる。ユングが描く「女性的なるもの」にはよく受容性が含まれている。そして，ユングが受容性の大切さを認めているということで，自分自身も認められたのだと感じる女性はたくさんいる。それゆえ，どちらにしても，すなわち，自分の「男性的側面」を統合することによってであれ，「女性的なるもの」をもっと十分に受け入れることによってであれ，ユングの理論を応用した結果，より充実した生を送るようになった女性たちもなかにはいる。「女性的なるもの」は，実はユングが「女性的」と呼ぶものについてのユング（と多くの男性たち）の体験を表しているのだが，そのことはこのような女性には気にならないであろう。なぜなら，私たちの社会全体が彼の男性中心主義的な観点を共有しているからである。同様に，女性たちは習慣的に性差別を内面化しているので，ユングの性差別を見過ごすことは女性たちにとって簡単なのである。実際，女性にとって，自分の「男性的」側面を実現することに比べれば，父権制の基準に挑戦することははるかにむずかしい。

　さらに，女性のユング派分析家のなかには，女性たちの問題と体験について

ユング自身にはなかったある感情によって，女性心理，とりわけアニムスについて書いてきているものがいる。ユングの妻エンマ・ユングがその例である。著作において彼女は，ユングよりもアニムスに感情移入している。それはたぶん，エンマが自分の人生でアニムスが前面に出られるようにしてきたからであろう。それによって彼女によるアニムスの描写は体験から出てきたものという権威を備えるようになっている。これは，ユング自身によるアニマの描写にも見られる権威である。わたしが言いたいのは次のことである。ユングは自分のアニマの概念を，自分のアニマ体験とバランスモデルから引き出したようだが，一方，女性たちは，男性たちについて夢を見たり，空想したり，自分の強さ，合理性，権威を男性たちに投影することによって，ユングのアニムス概念を確証してきたのである。人がみな，夢と空想では異性のイメージを歓迎するのは，私たちが両方の性からなる世界に生きており，まさにこの世界について夢を見て空想するからだと言っておけばよかろう。それゆえ，女性たちがユングのモデルを内面化しているのだから，それを自分のものにするのは彼女らにとってむずかしくはなかった。そのようにして，ユングのモデルは安易に「証明」されることになったのである。エンマ・ユングがこのモデルを自分のものにしたように思われるのは，彼女がアニムスを，女性の心理的欲求に照準を合わせるようなことばでアニムスを記述しているからである。彼女は「男性原理」を四つの主な表現で特徴づける。言葉，力，意味そして行為である。これらの可能性は，女性たちが自分のものとして主張しなければならない領域を驚くほど精確に表している。エンマ・ユングは「否定的アニムス」をも特徴づけているが，そのやり方は，ユング自身のものよりもたいていの女性にとって受け入れやすいものである。なぜなら，彼女はセルフ・ヘイターについての内的体験に取り組んでいるからである。「まずそこからわたしたちに聞こえてくるのは，一挙手一投足に関する批判的な，普通は否定的なコメントであり，すべての動機と意図の厳密な吟味である。もちろん，ここからいつも劣等感が生まれ，自己表現に対するあらゆるイニシアチブとあらゆる願望の芽がつぼみのままで摘まれる傾向にある」。自分の「一挙手一投足に関する否定的なコメント」をするように女性たちを煽っている父権制の文脈のなかにこれらの言葉を位置づけてい

たら，エンマ・ユングはもっと完全に女性たちの自己イメージを癒すのに必要な次元を加えていたことであろう。アニムスの批判的傾向の記述から，彼女は以下のことまで言っている。「時折，この同じ声が大げさなお世辞も与えるかもしれない。そして，これらの極端な評価の結果，人はまったくの不毛さという意識と自分自身の価値と重要性の感覚の膨張の間をいったりきたりすることになる[36]」。

エンマ・ユングはこの洞察を，あらゆる元型的イメージには両極があるというユングの考えに基づかせている。アニムスからの否定的評価と肯定的評価のあいだを揺れ動く女性にとって，唯一の健康的な選択肢は，この声と「仲良くなり」，「彼の」もろもろの洞察を自分のものとし，それによっていささかなりとも「彼を飼い馴らす」ことである。またしても言わねばならないが，否定的評価と肯定的評価の間の動揺は父権制下で男性たちが女性たちについて持つイメージの写しなのである。もしも，そのことをエンマ・ユングが認識していたなら，彼女の女性心理学は，もっとすぐれたものになっていたことであろう。女性イメージの「分裂」は，父権制では日常茶飯事である。「分裂」という言葉でわたしが言いたいのは，よく知られた聖母／娼婦のように，「悪」と「善」の二極分解である。女性たちはこれらの両極化したイメージを内面化し，「善」か「悪」か，とか，「きわめて責任感が強い」か「まったく無責任」か，とかいった大げさなことばで自分を体験するのである。

アニマと同様に，ユングのアニムスの概念も有益な仕方で用いるには，これらのイメージが父権的文脈をどのように反映しているかを見なければならない。ユングのアニマとアニムスは，非存在論化（deontologization）され，文脈化（contextualization）されるなら，女性たちにとっても男性にとっても役に立つものとなりうる。「非存在論化」ということでわたしが言おうとしているのは，これらの元型的イメージの背後からいつものぞいている聖なるものという次元を取り去ることである。「文脈化」ということでわたしが言おうとしているのは，本書で行ってきたように，元型的イメージをその社会的文脈との関係で見ることである。それは，通常のユング流の問題の示し方から離れることを意味する。だれでも，他者についての強力な情動を帯びたイメージを夢や空想で見

ている。これらのイメージと対話し，それらを統合するようにというユングの勧めは，人が自分の内的ダイナミックスを承認し，さらにはそれらを超越するうえで創造的で実行可能な道である。しかしながら，わたしがこれまで指摘してきたように，これらのイメージは，父権制社会が女性たちを恐れ，かつ貶めるのを正当化することに現在用いられており，この潜在的傾向を払拭する必要がある。

　わたしはユングの思想に含まれる性差別的な要素を批判するが，人間の自己理解に対してユングが非常に現実的な貢献をしたことを軽んじようというのではない。ユングの中でとりわけ心に訴えてくるのは，彼が人生の霊的（スピリチュアル）な次元を強調している点である。霊的な探求者にとって彼の見解は，人間についての「物質的な」観点にだけ基づいているもろもろの心理学の不毛の砂漠におけるオアシスの水のようである。ユングは，霊的探求者たちがいつも提起してきた最も深い問題に駆り立てられていた。そして，一人の心理学者としてこれらのことを尋ねるのを恐れなかった。自分なりの言葉を使ってだが，彼は，自分自身を自分の実験の被験者と対象にして，これらの問題に「経験的に」アプローチしたのである。霊的探求を通じて彼は単なる「物質的」なレベルを越えて，人生におけるもろもろの二元性と対立と格闘した。晩年，ユングは，「霊（あるいは精神）」と「物質」が何らかの意味で一つではなかろうかと仮定することによって西洋の伝統的な認識論を越える冒険をおかした。同じ流儀で彼は，西洋の哲学の二元論に特徴的な主観と客観の分裂や「純粋客観性」という錯覚にも挑戦した。東洋の観点と西洋の観点を結びつけようとしたユングは，自己と諸国民のホーリスティック（全体論的）な心理学のパイオニアであった。そして最後に是非とも言わねばならないことだが，ユングは生涯にわたって悪の問題と戦った。おそらく自分の父親とその父親が言う父なる神に対する未解決な怒りに基づいているのであろうが，たとえ，彼の神学が明晰さに欠けるとしても，ユングがこれらの困難な問題に労を惜しんだなどとは誰も主張できない。

　女性たち自身の生活と女性であることを肯定する体験から起こってくるものだが，真の自己定義に対する女性たちの探求という観点から見れば，ユング心

理学にはいろいろと欠点がある。とはいうものの，ユングが彼の言うところの「女性的なるもの」に重きを置いたことで，西洋社会において欠け，貶められて，誤解され，恐れられているものが明らかになってきた。ユンギアンにとっての次のステップは，一歩下がって，「女性的なるもの」が女性たちの体験から湧き起こってくるようにすることであり，この用語や女性に，ユングの複雑な気持ちや，彼の観点の中でも文化とジェンダーにもとづくもろもろの限界を押しつけることではない。

ユンギアンがなぜユング心理学のなかにある女性蔑視を簡単に見逃してしまうか，その理由のいくつかはすでに示唆した。わたしたちが論じてきたのはユングによる「女性的なるもの」への高い評価であるとともに，たいていのユンギアンによるユング崇拝である。この崇拝のために，批判が，不可能ではないにしても，困難になるのである。第2章でいささか深く検討したものだが，最後の要因は，西洋の父権制では女性たちに対する女性蔑視的な解釈で彼女たちの自己イメージが成り立っているということである。わたしたちはみな，父権制における女性蔑視と男性中心主義に慣れっこになってしまっているために，フェミニズムが近年到来するまで，それらに気がつかなかったのである。部分的にはこの慣れのため，さらに深くは，社会的に合意されている慣例に背くことに対する恐れのために，女性たちが女性蔑視とそれに対応する自己嫌悪の習慣を投げ捨てることは，きわめてむずかしい。とはいうものの，そこから始めることは非常に大切である。女性蔑視とともに生きるのは女性たちの生活では当たり前のことなので，適切で癒しとなるべき心理学のモデルは，このことを考慮に入れなければならない。社会と女性の心のなかの性差別と女性蔑視を露呈させる分析の道具を提供するフェミニズムと手を携えることで，ユングの心理学は，それだけの場合よりも，わたしたちの「内的」世界，およびその「外的」世界との関係についてより精確な地図となることができる。男性によって作られ，ジェンダーに相対的なイメージを検討もせずに受け入れることによってユングが取り組んできたのは何よりも，男性の内的世界とそのもろもろの投影だったのである。

本書で，方法論上の「レンズ」として働いてきた知識社会学は，現実を「平

板にする」傾向がある。フェミニズムと結びつくときは特にそうだが，それは一つの有用な方法論である。その一方で，知識社会学の社会学的還元主義では人生の多くの次元が探求されないままになってしまう。一つの世界観としての知識社会学は，ユング心理学がその豊かさを発揮するある領域，すなわち霊性（スピリチュアリティ）の領域では，ことに不毛である。ユングが体験的なものや非合理なものだけでなく，わたしたちの最も深い霊的問題の現実をも強調したことは，西洋社会の物質主義是正に向けての一つの顕著な動きである。女性的なるものを正当に評価しようというユングの努力の中にさえ含まれているのだが，女性たちと女性的なるものへの恐れをただすことは，ユングの心理学をホーリスティックな心理学と霊性にするうえでどうしても欠かすわけにはゆかない一歩であろう。女性たちはユングの心理学がそのように発展することを必要としているのである。

原　注

日本語版序文

(1) Hayao Kawai, *Dream, Myths & Fairly Tales in Japan*. (Einsiedelen, Switzerland: Daimon, 1995)［河合隼雄『昔話と日本人の心』，岩波書店，1982］
(2) William H. Swatos, Jr., ed., *Encyclopedia of Religion and Society*. (Walnut Creek: Altamia Press 1998), 519.
(3) 「解放の神学」の簡潔な定義は以下の文献を見よ。Kwok Pui-Lan, "Liberation Theology." *Encyclopedia of Women and World Religion*. (NY: Macmillan, 1999), 591-592.
(4) 知識社会学についての簡潔で読みやすい研究，とくに宗教と象徴システムへの適用は以下の文献を見よ。Peter L. Berger and Thomas Luckmann, *The Social Construction of Reality: A Treatise in the Sociology of Knowledge*. (NY: Poubleday, 1966). ［ピーター・L・バーガー，トマス・ルックマン『日常世界の構成――アイデンティティと社会の弁証法』（山口節郎訳）新曜社，1977］たとえば，バーガーとルックマンは次のように述べている。

> 「このように，〈知識社会学〉の必要性は，そこでは何が〈知識〉として自明視されているか，という点からみたさまざまな社会の間の観察可能な相違にすでに与えられているのである。・・・われわれの主張は次のようになる。知識社会学はそうした〈知識〉の究極的な妥当性，ないしは非妥当性（それがいかなる基準にせよ）とは関係なく，なんであれ社会において〈知識〉として通用するものはすべてこれを対象にしなければならない，ということである。さらにまた，人間の〈知識〉が社会状況のなかで発達し，伝達され，維持されていくかぎりにおいて，知識社会学はこれらのことが行われる過程を，自明視された〈現実〉がどのようにして普通の人間にとって凝結していくのか，という観点から，理解すべく努めなければならない。換言すれば，知識社会学は現実の社会的構成の分析を問題にするというのがわれわれの主張である。」（4－5ページ）

(5) Marilyn Nagy, "Opening a Feminist-Jungian Dialogue," *San Francisco Jung Institute Library Journal*, Vol. 8 No. 2 (1988), 23-24.
(6) C.G. Jung *Collected Works*, 9 (1), 98.

第1章

(1) Hans Dieckmann, *Twice-Told Tales: The Psychological Use of Fairy Tales*, Foreword by Bruno Bettelheim, trans. Boris Matthews (Wilmette, Ill: Chiron Publications, 1986),vii-viii.
(2) Ibid., viii.
(3) この若い女性の洞察の結果については，ベッテルハイムの解釈をみよ。(ibid., ix.)
(4) Ann Ulanov, *Receiving Woman: Studies in the Psychology and Theology of the Feminine*. (Philadelphia: Westminster Press, 1981), 17.
(5) Ibid., 44.
(6) Ibid., 73-74.

(7) Rosemary Ruether, *Sexism and God-Talk: Toward a Feminist Theology* (Boston: Beacon Press, 1983), 190. [ローズマリー・リューサー『性差別と神の語りかけ——フェミニスト神学の試み』（小桧山ルイ訳）新教出版社，1996］
(8) Ibid.
(9) Mary Daly, *Gyn/Ecology: The Metaethics of Radical Feminism.* (Boston: Beacon Press, 1978), 280.
(10) June Singer and Stephanie Halpern, "Two Responses to Naomi Goldenberg", *Anima* 4, No. 1, (Fall Equinox, 1977), 59-61.
(11) Ibid., 61.
(12) C. G. Jung, *Collected Works*, ed. Sir Herbert Read, Michael Fordham, and Gerhard Adler; trans. R. F. C. Hull, Bollingen Series 20 (Princeton: Princeton University Press, 1975), 8 : 133. この用語も，他のユング心理学の用語同様，第3章でよりくわしく説明する。
(13) Estella Lauter and Carol Schreier Rupprecht, *Feminist Archetypal Theory: Interdisciplinary Re-Visions of Jungian Thought* (Knoxville: University of Tennessee Press, 1985), 236.
(14) 以下の論文を見よ。Naomi Goldenberg, "Archetypal Theory after Jung", *Spring: An Annual of Archetypal Psychology and Jungian Thought.* (1975): 199-220. "A Feminist Critique of Jung", *Signs: Journal of Women in Culture and Society* 2, No. 2, (1976): 443-449; "Feminism and Jungian Theory", *Anima* 3, No. 2 (Spring Equinox, 1977), 14-18. 次の論文も見よ。Carol Christ, "Some Comments on Jung, Jungians, and the Study of Women", *Anima* 3, No. 2, (Spring Equinox, 1977): 66-69. クライストとゴールデンバーグに対する何人かのユング派の反応は，*Anima* 4, No. 1, (Fall Equinox, 1977) に見ることができる。
(15) Christ, "Some Comments on Jung", 68.
(16) Naomi Goldenberg, *Changing of the Gods: Feminism and the End of Traditional Religions.* (Boston: Beacon Press, 1979) 第5章，48-72 を見よ。
(17) Ibid., 57-58.
(18) 以下の二つの立場を比較されたい。

> 父権制はそれ自体が，全世界に流布している宗教であり，その本質的なメッセージはネクロフィリア (necrophilia) [訳註：直訳すれば一種の性的倒錯である死体愛好をさすが，ここでは死と破壊を好むといった意味である] である。父権制を正当化するいわゆる宗教はすべて，その巨大な傘下に治められた派閥にすぎない。仏教，ヒンドゥー教から，イスラム教，ユダヤ教，キリスト教にいたるすべての宗教，またフロイト主義，ユング主義，マルクス主義，毛沢東主義などの世俗的派生物も父権的体系の単なる下部構造に過ぎない。それらのすべては，アノミー (anomie) に対する男性の避難所の部分部分として作られている。その結果，女性は男性の恐怖の対象であり，父権制のすべての戦争における真の攻撃対象となる。「真の敵」の投影された擬人化である。(Mary Daly, *Gyn/Ecology*, 39）

人類学者ペギー・サンディーは，デイリと同様の主張をしているフェミニスト人類学者たちの研究を取り上げて，以下のように述べている。

> 現代のフェミニストが母権制理論を歴史的事実として蘇らせたので，人類学者たちは，女性が公に認められた権力と男性をしのぐ権威を持つ社会を研究してきた。しかし，女性が主たる指導者の地位を占める社会が見られないので，人類学者は男性による支配が普遍的であると論じている。
> 　この観点にはあるバイアスがかかっている。それは，西洋では支配が公的なリーダーシップに等しいものとされるという事情を考えれば，それなりにうなずけるバイアスである。もし，支配の定義を変えてみるならば，多くの社会で男性のリーダーシップは，女性の権威とバランスがとられていると言えよう。(Peggy Reeves Sanday, *Female Power and Male Dominance: On the Origins of*

Sexual Inequality〔Cambridge: Cambridge University Press, 1981〕, 113)

(19) ほかにも何人かのフェミニストが生得的な性差説に固執している．これらのフェミニストは，いくつかの点でユング心理学に近い立場である．彼女らは「女性的なるもの」を高く評価し，ユングが両性間の差異を的確に記述していると考えている．たとえば，Anne Kent Rush, *Moon, Moon* (New York and Berkeley: Random House and Moon Books, 1976) を参照のこと．

(20) あらゆる文化を通じて見出されてきたことだが，男性も女性もそれぞれの内部でかなりのばらつきがある．この点で，社会構成派の見解が支持される．

(21) これらの危険性を裏付けてくれるものとして重要なのが，メアリ・デイリとローズマリー・リューサーの研究である．以下の文献も参照せよ．Carol Christ and Judish Plaskow, eds., *Womanspirit Rising* (San Francisco: Harper and Row, 1979)

(22) William H. Grier and Price M. Cobbs, *Black Rage* (New York: Basic Books, Harper Colophon Books, 1968) の序文のあるパラグラフでは，黒人を治療するとき，人種差別を事実として認識し，それに「敢然と」反対する必要があるということが熱烈に強調されている．この主張の正当性に非常に胸を打たれたわたしは，「人種差別」を「性差別」と言いなおして，この基準を女性との心理治療におけるひとつの指針とした．

第2章

(1) Peter Berger, *The Sacred Canopy: Elements of a Sociological Theory of Religion* (Garden City, N.Y.: Doubleday and Co., 1967) 〔ピーター・バーガー『聖なる天蓋』（薗田稔訳）新曜社，1979〕を見よ．

(2) 1948年9月30日，サリー・ピンクニー（Sally M. Pinckney）にあてた手紙のなかでユングは，集団に対する個人の欲求について，以下のように述べている．

> 集団に同一化する個人の危険性ははかり知れないものですが，この二つの要因の関係は，必ずしも否定的なものばかりではありません．これにはまた非常に肯定的な側面もあります．実際，個人と社会もしくは集団の肯定的関係は不可欠です．というのは，どのような個人にしろ，一人で存在しているわけではなく，集団との共生に依存しているからです．すぐれて個人の中心である自己は集合的な性質のものであり，いわば，一つの集団であり，それ自体一つの集合性です．だから自己が最も肯定的に働くときには，いつも集団を形成するのです．(C. G. Jung, *Letters*, ed. Gerhard Adler and Aniela Jaffé 〔Princeton: Princeton University Press, 1973〕, 1: 508)

しかし，ユングの強調点は，社会心理学者や知識社会学者のそれとは，まだ違ったものである．というのは，彼の考えているのは，集合性において表現される自己（元型）の集合的性質だからである．元型がまだ第一のものなのである．そのうえ，この手紙でユングが述べていることは，彼がより頻繁に表明した関心事，つまり，個人が集団の力によって「飲み込まれ」て，個性が失われるであろう，ということとは異なっている．

(3) ユングは，この必然性を女性におけるアニムスの発達という概念によって論じた．わたしはこの用語を他のユング心理学の概念とともに第4章で定義し，第6章ではそれをまた，フェミニズムの観点から論じたい．

(4) Vivian Gornick and Barbara K. Moran, eds., *Woman in Sexist Society: Studies in Power and Powerlessness* (New York: Basic Books, 1971) と Inge Broverman et al., "Sex-Role Stereotypes: A Current Appraisal", *Journal of Social Issues* 18, no. 2, (1972) を見よ．

(5) Simone de Beauvoir, *The Second Sex* (New York: Vintage Books, 1974; copyright by Librairie Gallimard, 1949) 〔シモーヌ・ド・ボーヴォワール『第二の性』（生島遼一訳）新潮文庫，1959／『決定版　第二の性』（井上たか子・木村信子・中嶋公子・加藤康子監訳）新潮社，1977〕

(6) *Gyn/Ecology*におけるトウクニズム（tokenism）に関するメアリー・デイリの議論が一つの好例である。

(7) 学問の世界での男性中心主義の例は枚挙にいとまがない。それはあまりにゆきわたっていて、フェミニズム以外のたいていの著作では、当たり前のこととなっている。たとえば、フロイトの『幻想の未来』のはじめの19ページを見てみよう。man, men, people, one といった言葉の意味が耳障りなほどに移り変わってゆくことに、女性は男性より気づくだろう。というのは、これらの言葉では、男性たち（men）が主語であり続けているからである。女性たちは、主語になったかと思うと、主語でなくなっている。はじめは、一般の男性言語では普通のことだが、man もしくは men の一部として女性が含まれているように見える。ところが、突然それらの言葉の使い方が、**男性のみ**を意味するように変わる。そのため、これらの語にははたして女性が含まれていたのかどうかが疑わしくなる。先に述べられたことのなかにも女性は含まれていなかったということが分かってくるのだ。実際、フロイトが論じていることはすべて、もっぱら男性たち（men）の間で行なわれているのである。男性の「包含的」言語の排他性（男性の言語が男性も女性も包み込みながら女性を排除するということ）は、多くのフェミニスト、とくに、アメリカのメアリー・デイリやフランスのフェミニストたちからたっぷりと指摘されてきている。

(8) 「マイノリティ」（minority、少数派）という言葉は、黒人や女性に対して使われることがあるが、明らかに数字のうえで数が少ないということではない。白人は世界的に見れば少数であるし、女性の方が数のうえでは多数である。しかし、「マイノリティ」という言葉を使うことには目的がある。すなわち、権威が弱められており、規範から排除されているということがそれによって表されるのである。

(9) このような議論についての最も優れたものの一つは、Carol Christ and Judith Plaskow, eds., *Womanspirit Rising* の序文における議論である。

(10) Polly Young-Eisendrath, "New Contexts and Conversations for Female Authority" (Paper presented at "Feminist Thought and the Structure of Knowledge", Colloquium for Social Philosophy, Pennsylvania State University, Delaware Country Campus, April 19, 1986), 4.

(11) わたしは、女性を男性より純粋で善良だと持ち上げる女性崇拝の現象を論じる気はない。これは、特に19世紀に特徴的な現象である。ただ、それが貶めの反面であるということだけは言っておこう。女性蔑視より女性崇拝の方が、女性にははるかに耳当たりがよいのは確かだろうが、どちらも女性が一人の人間として精一杯生きることには助けにならない。女性イメージがこのように善悪に分裂するのは、どれだけ父権制が女性をその制度や意識に組み入れてこなかったかを示している。もしも、女性が、十分に社会に受け入れられるならば、そのイメージがこのように極端に分裂することはないのだが。

(12) キャロル・クライストはレッシングのヴィジョンとその重要性についてくわしく論じている。それは霊的ではあるが、政治に対立すると見る必要はないというのである。Carol Christ, *Womanspirit Rising* and in *Diving Deep and Surfacing: Women Writers on Spiritual Quest* (Boston: Beacon Press, 1980) のマーサ・クェストにかんするクライストの議論を見よ。

(13) 「内なる形姿」もしくは「内なる声」ということばを使用しているからといって、わたしはその形姿や声の源をその人物の内側にあるとみなしているのではない。それらが父権制の文脈から内面化されたイメージであるとわたしは見ているのだ。とりわけ父権制の文脈では、この世界の悪が存在するのは女性のためだということになる。思うに、だれの心の中にも、そしてもちろん女性の心の中にも、ユング派の人々が言うように、「投影を担う」傾向が存在するのではなかろうか。これは、人が現在進行中の神聖な（nomizing）会話で、重要な他者の期待に沿う人物になってしまう傾向である。

(14) Doris Lessing, *The Four-Gated City* (New York: Bantam Books, 1969), 518-519.

(15) Ibid., 535.
(16) *Elemental Feminist Philosophy* (Boston: Beacon Press, 1984), 139.
(17) Jean Baker Miller, *Toward a New Psychology of Women* (Boston: Beacon Press, 1976), 7. [ジーン・ベーカー・ミラー『Yes, But…フェミニズム心理学を目ざして』（河野貴代美訳）新宿書房、1989]
(18) Ibid., 11.
(19) Daly, *Gyn/Ecology*, 337.
(20) Ibid., 377.
(21) Nelle Morton, "Beloved Image" (Paper presented to the American Academy of Religion, December 28, 1977), 19.
(22) Carol Christ, "Why Women Need the Goddess: Phenomenological, Psychological and Political Reflections", *Womanspirit Rising*, 274.
(23) 社会構造，慣習，規則を正当化するうえでの宗教の役割についての以下の分析は，Peter Berger, *The Sacred Canopy* に依拠している。
(24) Peter Berger, *The Sacred Canopy*, 32.
(25) これは，神の意志を表す女性的象徴を有する社会が，男性的象徴だけを有する社会より，女性の社会的権力を必ず認めるだろうということではない。たとえば，ヒンドゥー教は，男性的な神のイメージも女性的な神のイメージも持っているが，ヒンドゥー教とヒンドゥー社会においては女性は，いまだに男性に従属している。宗教的シンボリズムと社会的権力の問題は複雑である。というのも，男性の社会的権力と公的な権威は非常に広範に尊重され期待されているように見えるからである。しかしながら，神的なるものを男性的イメージでしか表さない宗教的伝統のなかで成長した女性にとって，神性に女性的イメージを回復することは，女性の自己評価とエンパワーメント感を高める一つの方法である。

第3章

(1) 『宗教と心理学——西と東』の中でユングはこう書いている。「存在が単に物質的でしかありえないと考えるのはほとんど不条理ともいうべき偏見である。実際のところは，わたしたちが直接に知っている存在の唯一の形式は心理的なものである。反対に，物質的な存在が単なる推測だといってももっともな話である。なぜなら，感覚によって仲介された心理的イメージを知覚するかぎりにおいてしか物質のことはわからないからである。」(*Collected Works*, 11 : 12)
　　しかし，もちろんユングは真のプラトン主義者でもなければ，観念論者でもなく，哲学的に厳密なわけでもない。後年の人生でより明らかになるのだが，彼の本当の意図は二元論を越えて，つまり，プラトンのイデアという実在の世界と形という影のような世界の対立をこえて，この対立の両側面を，それゆえ，すべてのものを実在として包み込むような世界観に達することであった。
(2) C. G. Jung, *Memories, Dreams, Reflections* (New York: Random House, Vintage Books, 1961), 3.
(3) 今日のユング心理学における主だった人物と，彼らが理論的，臨床的にとってきている方向の秀逸な紹介については，Andrew Samuels, *Jung and the Post-Jungians* (London: Routledge and Kegan Paul, 1985) [アンドリュー・サミュエルズ『ユングとポスト・ユンギアン』（村本詔司・村本邦子訳）創元社、1990] を見よ。
(4) たとえば，以下の文献を見よ。Edward Glover, *Freud or Jung?* (London: Allen and Unwin, 1950 [エドワード・グローヴァー『フロイトかユングか』（岸田秀訳）せりか書房、1984]); Paul J. Stern, *C. G. Jung: The Haunted Prophet* (New York: Baziller, 1976); Philip Rieff, *The Triumph of the Therapeutic: Uses of Faith after Freud* (New York: Harper and Row, Harper Tor-

chbooks, 1966).これら三つの中で，リーフのものが群を抜いて重要な批判である。
(5) 以下の言明を比較せよ。ローレンス・ヴァン・デル・ポスト（Laurens Van der Post）は，彼の著作の序言を以下のように始めている。「私は世界中が偉大と認めるたくさんの人物と知り合いになってきたと思うが，カール・グスタフ・ユングはわたしがその偉大さを心から確信しているほとんど唯一の人間である」(*Jung and the Story of Our Time,* 〔New York: Random House, Pantheon Books, 1975〕, 3)。ポール・スターン（Paul Stern）は，より長きにわたって次のように論じている。

> 思春期の初期から，カール・ユングは，預言者的な使命感につきまとわれていた。彼の目には，預言者とは，「運命」という代理人を通して，新たな真理を宣言するか，もしくは忘れ去られた古い真理を再確立させるために選ばれた者であった。彼自身の預言的啓示は，魂の実在という啓示であった。
>
> どう見ても，ユングの預言的メッセージには時代錯誤の性格があった。1900年までには，魂の観念は，たいていの西洋知識人の精神と語彙からはすっかり切り取られてしまっていた。ユング独特の厳かな調子で，「人間の魂の無時間的，無空間的現実」を説くことは，彼のたいていの同僚の耳には，仮に彼らがそのメッセージに少しでも注意を払ったならの話だが，いささかドン・キホーテのように聞こえた。ユングが真に聴いてもらいたいと思っていたプロテスタント（とカトリック）の神学者たちも，自己を神の位置にまで高めている不透明な教義をもっと歓迎しただろうとは考えられない。自分のメッセージが評価されないとか，耳の聞こえない人々に語られていると相も変わらず愚痴をこぼすことは，驚くほどにユングが社会的に盲目であったことを証明するものであった。
>
> カール・ユングにとって不運であったのは，内面性という彼の福音を迎える用意がまったくできていない歴史の曲がり角に彼が生きたということである。ユングは自分の時代において名誉とされる預言者になりたいと切に望んでいたが，自分自身を科学者として変装しなければならなかった。・・・
>
> カール・ユングが預言者となるのに必要な病理の深さを与えられていたことは疑いないが，それは彼の時代と場所にとっては間違った種類のものであったかもしれない・・・。
>
> こころの冥界へのユング自らの下降は，彼が思いたがっているほどには自発的なものではなかった。だが，ユングは，どうしても避けられないものに対して最終的には同意し，それによって新たなより大きな現実への足掛かりを得るだけの大胆さと狡猾さを持ち合わせていた (*Jung*, 6, 7, 8)。

わたしは自分の最初の深層心理学の師であるクリスティン・ダウニングに感謝している。彼女がフロイトとユングをバランスよく紹介してくれたおかげで，普通行われている彼らの両極化と緊張が助長されるよりは，むしろ彼らが互いを照らしあえるようになったからである。

(6) ホーマンズは，キリスト教に対するユングの態度には「肯定の解釈学」と「猜疑の解釈学」が同時に含まれていると信じている。彼が言うところによれば，ユングは伝統的キリスト教を再解釈しているのであって，けっしてそれを全面的に拒否しているのではない。Peter Homans, *Jung in Context: Modernity and the Making of a Psychology* (Chicago: University of Chicago Press, 1979 〔ピーター・ホーマンズ『ユングと脱近代——心理学人間の誕生』（村本詔司訳）人文書院, 1986〕を見よ。

(7) わたしは，自分の子どもの世話や扶養をし，自分の社会集団のために食料を見つけ，危険からの保護を確保しようという人間の要求のように，明らかに普遍的なものは除外している。

(8) Jung, *Memories*, 50.

(9) 完全な報告は『自伝』を，その一例としてはユングの博士学位論文 On the Psychology and Pathology of So-Called Occult Phenomena (*Collected Works*, 1: 3-88) 〔『心霊現象の心理と病理』（宇野昌人・岩堀武司・山本淳訳）法政大学出版局, 1982〕を見よ。ユングの学位論文は彼の従妹である霊媒の研究である。その中で彼は意識の超常的状態を理解しようと試みている。

⑽ Jung, *Memories*, 105.
⑾ Ibid., 106.
⑿ 以下の文献を見よ。Aldo Carotenuto, *A Secret Symmetry: Sabina Spielrein between Jung and Freud*, trans. Arno Pomerans, John Shepley, and Krishna Winston (New York: Random House, Pantheon Books, 1982)〔アルド・カロテヌート『秘密のシンメトリー』（入江良平・村本詔司・小川捷之訳）みすず書房，1991〕
⒀ Jung, *Memories*, 86.
⒁ ここに夢を示す。「夜で，どこか知らない所だった。私は強風に逆らってのろのろと苦痛に耐えながら進んでいた。あたり一面濃い霧に包まれていた。わたしは今にも消えそうな小さな明かりを手で覆っていた。すべては，この小さな明かりをともしつづけていることにかかっていた。突然，わたしは後に何かが来ている感じがした。振り返ると，巨人のように大きな黒い影がわたしのあとについてくる。しかし同時に，恐怖にもかかわらず，いかなる危険をも顧みず，わたしの小さな明かりを夜と風の中で守らねばならないのだということを自覚した。目覚めたとき，わたしはすぐにこの背後のものが〈ブロッケンの妖怪〉〔訳註：ブロッケンは魔物や幽霊が集まると信じられているドイツの山で，ユングは明らかにゲーテの『ファウスト第一部』の「ヴァルプルギスの夜」の場面を念頭に置いている〕であり，自分が持っている小さな明かりで生じた自分の影が渦巻く霧に投げかけられたものであることを悟った。この小さな明かりが自分の意識であり，自分が持っている唯一の明かりであることも知った。わたし自身の理解が私の持つ唯一の，そして最大の宝であった。闇の力に比べれば，どこまでも小さくて脆いが，それは依然として一つの明かりであり，わたしの唯一の明かりなのである」(Jung, *Memories*, 87-88)。
⒂ Ibid., 88.
⒃ Ibid., 108-109.
⒄ Ibid., 109.
⒅ 以下の文献を見よ。Jung, *Collected Works*, 8: 51-52.
⒆ Jung, *Memories*, 36.
⒇ Ibid., 37-40. 1981年3月21日，わたしはフィラデルフィアのペンシルヴェニア研究所で行われたバリー・スクロチャウアー教授の講演に出席した。この講演は，「ユングのフロイトへの同性愛的愛着とヨブへの答え」と題されていた。スクロチャウアーは，ユングの大聖堂空想を最初の自慰空想であると分析した。彼は，この解釈をするにあたって主として，ユングがこの大聖堂空想自身に結論を導かせたのちに経験した「至福」と「解放」を根拠にした。ユングに馴染んでいる者なら誰でもこの解釈が正しくないということを知っている。ユングは非常に秘密主義者であった。仮に，彼の最初の自慰がこの空想に伴っていたとしたら，彼はこの空想を明らかにしなかったであろう。ユングが生涯にわたって宗教にこだわったことについては性的なものの他にも説明がいろいろとなされているが，そのことから言えば，大聖堂空想は，ユングが残りの生涯を費やして解明しようとした多くの宗教的テーマを明らかにするものである。
(21) 信条と宗教の間の対立については，特に以下の文献を見よ。ユングの *Psychology and Religion: West and East* (*Collected Works*, vol. 10)〔『心理学と宗教』（村本詔司訳）人文書院，1989〕と *The Undiscovered Self* (*Collected Works*, vol. 10)〔「現在と未来」（松代洋一訳）『エピステーメー』5月号 1977〕。後者でユングは以下のように書いている。

> 信条 (creed) がある決まった集合的な信念を表現するのに対して，宗教 (religion) という語は一定の形而上学的でこの世の外にある諸要因への主観的関係を表現している。信条は主に世間全体に向けられた信仰告白であり，それゆえ，この世の内での事柄であるのに対して，宗教の意味と目的は，（キリスト教，ユダヤ教，イスラム教では）神に対する個人の関係の中に，あるいは（仏教では）救いと解脱への道に対する個人の関係のなかにある(256-257ページ)。

⑵ Jung, *Memories*, 53.
⑶ Ibid., 55.
⑷ Ibid.
⑸ Ibid., 93.
⑹ Ibid., 73.
⑺ Jung, *Collected Works*, 3 : 4.
⑻ 1909年4月16日のユングに宛てた手紙の中でフロイトはこう述べている。「わたしが正式にあなたを長男として迎え養子にし，わたしの後継者と皇太子として（不信心者たちの領域において）あなたに塗油した同じ晩に同じ場所で，あなたがわたしから父の尊厳の衣をはぎ取ってしまい，そして，このはぎ取るということが，あなたの人格に衣を着せることがわたしに与えたのと同じぐらいに大きな喜びをあなたに与えたようであることは注目に値します」(*Memories*, 361.)。
⑼ Jung, *Memories*, 158.
⑽ William McGuire, ed., *The Freud/Jung Letters: The correspondence between Sigmund Freud and C. G. Jung*, Bollingen Series, 94 (Princeton: Princeton University Press, 1974), 293-294. ［ウイリアム・マグァイア編『フロイト／ユング往復書簡集（上）・（下）』（平田武靖訳）誠信書房，1979／1987］
(31) Ibid., 298.
(32) Jung, *Memories*, 157.
(33) Sigmund Freud, *The Future of an Illusion* (Garden City, N.Y.: Doubleday, Anchor Books, 1927), 92. ［フロイト「ある幻想の未来」（浜川祥枝訳）『フロイト著作集3』人文書院，1969］
(34) Sigmund Freud, *The History of the Psychoanalytic Movement* (New York: Crowell-Collier, Collier Books, 1963), 93. ［フロイト「精神分析運動史」（野田倬訳）『フロイト著作集10』人文書院，1983］
(35) Jung, *Memories*, 170. ピーター・ホーマンズがこれを興味深く分析している。*Jung in Context* の第5章を見よ。
(36) Ibid., 130.
(37) もしもユングが自分の心のモデルについて定式化したことをすべて時間を追って検討することができるなら（通常はテーマごとに配列されているので困難であるが），二元論と葛藤の要素が初期に支配的であり，解決とバランスの要素が後期に支配的であることが分かるかもしれない。しかしながら，この可能性を否定する論拠となる事実は，両方の傾向とも早期の著作である『タイプ論』(1918)に見られるということである。はっきりしているのは，非二元論へのユングの傾きは，彼の人生と著作の後半でより強力でより明確になっているということである。
(38) Jung, *Collected Works*, 16 : 305.
(39) Ibid., 14 : 497.
(40) Ibid., 8 : 53.
(41) Ibid., 26.
(42) Jung, *Letters*, 2 : 297.
(43) Ibid., 304.
(44) Jung, *Collected Works*, 8 : 51-52.
(45) Ibid., 6 : 509.
(46) Ibid., 59.
(47) Ibid., 14 : 89.
(48) Ibid., 170-171.

第4章

(1) 個性化はわたしたちの支配的な父権的神話の反映と見ることができる。個性化された人間というユングの理想は，文化的英雄に要求される一人旅という西洋的観念を思い出させるからである。個人主義と分離性（分離性は個性化と必ずしも同じではない。個性化はもっと複雑である）という父権的神話は，西洋社会の最も有害な幻想の一つであり，この神話のためにわたしたちは，自分たちが本質的に相互に依存しあっていることを体験しにくくなっているのである。この支配的な神話に対する批判としては，以下の文献を参照せよ。Polly Young-Eisendrath and Demaris Wehr, "The Fallacy of Individualism and Reasonable Violence against Women", forthcoming in *Christianity, Patriarchy and Abuse*, ed. Carole Bohn, Joanne Brown (Philadelphia: Pilgrim Press, 1987)
(2) Jung, *Collected Works*, 3: 150.
(3) Jung, *Memories*, 401.
(4) Ibid., 401-402.
(5) Ibid., 9(1): 79ff.
(6) Ibid., 8: 213.
(7) Ibid., 77-79.
(8) Ibid.
(9) Ibid., 3: 150.
(10) 「小さき人々」という用語を作り出し，それらと「仲良くなる」ことを提案したジェイムズ・ヒルマンは，心についてのユングの見解には多神教的要素が見られると信じている。ただし，それらをはっきりと取り出したのはヒルマン自身ではあるが。ヒルマンは，自己が中心的位置を占めることで一神教が強調されることを嘆いている。以下の文献を参照せよ。James Hillman, *Re-Visioning Psychology* (New York: Harper and Row, Harper Colophon Books, 1975) [ジェイムズ・ヒルマン『魂の心理学』（入江良平訳）青土社，1997] および Hillman's Appendix to David L. Miller, *The New Polytheism: Rebirth of the Gods and Goddesses* (Dallas: Spring Publications, 1981 [デイヴィド・ミラー『甦る神々――新しい多神論』（桑原知子・高石恭子訳）春秋社，1991]）。ミラーの仕事はこのテーマを拡げている。
(11) 以下の文献に引用されている。Ann Ulanov, *The Feminine in Jungian Psychology and in Christian Theology* (Evanston: Northwestern University Press, 1979), 28.
(12) Jung, *Collected Works*, 6: 425.
(13) Ibid., 7: 201.
(14) Ibid., 58-59.
(15) Ibid., 9(1): 122ff.
(16) Jung, *Collected Works*, 7: 194.
(17) Edward Whitmont, *The Symbolic Quest: Basic Concepts of Analytical Psychology* (Princeton: Princeton University Press, 1969), 159.
(18) Jung, *Collected Works*, 7: 238-239.
(19) Jung, *Collected Works*, 10: 280-281.
(20) Ibid., 7: 96.
(21) Ibid., 189.
(22) Ibid., 9(2): 14.
(23) Ibid., 10: 41.
(24) Jolande Jacobi, *The Psychology of C. G. Jung: An Introduction with Illustrations* (New Haven:

Yale University Press, 1943), 117. [ヨランデ・ヤコービ『ユング心理学』（高橋義孝他訳）日本教文社，1973]
⑸ Jung, *Collected Works*, 7 : 238.
⒆ Ibid., 6 : 425.
⒇ Ibid., 9(2) : 31.
⒇ Ibid., 42.
⒇ Ibid., 16 : 321.
⑳ Ibid., 261. エロチックな次元を認めはするものの，それを行動に表さないことによって，男性分析家と女性患者はこのレベルの出会いに含まれる象徴的で変容をもたらす要素を大切にすることができる。このことに関する印象的な説明が以下の論文に見られる。Nathan Schwartz-Salant, "On The Subtle-Body Concept in Clinical Practice", *Chiron: A Review of Jungian Analysis* (Wilmette, Ill. : Chiron Publications, 1986), 19-58.
㉛ Ibid., 262.
㉜ Ibid., 263.
㉝ Ibid.
㉞ Ibid., 313.
㉟ Jung, *Collected Works*, 7 : 239-240.
㊱ Jung, *Memories*, 345-346.
㊲ Joseph Campbell, *The Portable Jung* (New York: Viking Press, 1971), 426.
㊳ Jung, *Collected Works*, 11 : 5.
㊴ Ibid., 6 : 306.
㊵ Ibid., 11 : 6.
㊶ Ibid., 303.
㊷ Ibid., 12.
㊸ Ian G. Barbour, *Issues in Science and Religion* (New York: Harper and Row, Harper Torchbooks, 1971), 142.
㊹ Jung, *Collected Works*, 11 : 5.
㊺ Ibid., 306.
㊻ Ibid., 7 : 240.

第5章

(1) Clifford A. Brown, *Jung's Hermenutic of Doctrine: Its Theological Significance*, A. A. R. Dissertation Series, no. 32 (Chico, Cal. : Scholars Press, 1981). 第1章を見よ。
(2) 以下の文献に引用されている。James Heisig, *Imago Dei: A Study of C. G. Jung's Psychology of Religion* (Lewisburg, Pa. : Bucknell U. P., 1979), 44. [ジェイムス・W・ハイジック『ユングの宗教心理学——神の像をめぐって』（縹縹康兵・渡辺学訳）春秋社，1985]
(3) Ibid., 113n.
(4) Ibid., 114.
(5) Ibid., 198.
(6) 「もちろん神は〈まったき他のもの〉である。しかし，神はまったき同じもの，まったき現前者でもあるのだ。もちろん神は，現れてはわたしたちを圧倒する恐るべき神秘（Mysterium Tremendum）であるが，自明なるものの神秘でもあり，わたしの自我よりもわたしに近い。」
　（Martin Buber, *I and Thou*, 2nd ed., trans. R. G. Smith [New York: Scribner's 1958], 79). モーリス・フリードマンはこの箇所をわたしに指摘し，さらにブーバーの立場を次のように解説

してくれた。「ブーバーが批判するのは超越をすべて内在に翻訳することです。この翻訳は次のようになされます。すなわち、いろいろな実際的目的からですが、神を、わたしたちに出会い、わたしたちが出会う他者から、わたしたちの内部にある元型的イメージに還元するのです。この元型的イメージは、なるほど、わたしたちとは別のものでヌーメン的なものとして理解されていますが、実際は、(小文字の s で始まろうが、大文字の S ではじまろうが) 自己 (self) の外にあるものの他者性として、理解されていないのです (Friedman, 個人書簡、1986年2月26日)。

(7) Martin Buber, *Eclipse of God: Studies in the Relation between Religion and Philosophy* (New York: Harper and Bros., 1952), 83-84.
(8) Goldenberg, *Changing of the Gods*, 48.
(9) Homans, *Jung in Context*, 191-192.
(10) Ibid.
(11) Jung, *Collected Works*, 11 : 7-8.（強調著者）
(12) Ibid., 62.
(13) Ibid., 43.
(14) Ibid., 341.
(15) Ibid., 334.
(16) Frederick Streng, *Understanding Religious Man* (Belmont, Cal: Dickenson Pub. Co., 1969), 4. 同様に、トマス・ルックマンも以下の文献で宗教を「象徴的自己超越」と呼んでいる。Thomas Luckmann, *The Invisible Religion: The Problem of Religion in Modern Society* (New York: Macmillan, 1967).
(17) Jung, *Memories*, 173.
(18) Jung, *The Undiscovered Self*, in *Collected Works*, 10 : 256.
(19) このトピックはジェイムズ・ハイジックの『ユングの宗教心理学』の中で非常に詳しく述べられている。完璧で年代を追った研究をするにはこの書物を読むに限る。
(20) Jung, *Memories*, 303.
(21) Ibid., 337.
(22) Jung, *Collected Works*, 11 : 303.
(23) このような発言のために、ユングは「現代のグノーシス主義者」と呼ばれてきた。とりわけ、モーリス・フリードマンからはそうである。以下の文献を見よ。Maurice Friedman, *To Deny Our Nothingness: Contemporary Images of Man* (New York: Dell Publishing, 1967), part 6, "The Modern Gnostic".
BBC放送の映画での謎めいた発言に関して、ユングは以下のように述べている。

「わたしは自分が、それ自体未知のある要因とあきらかに直面しているということを心得ております。わたしはそれを衆目の同意による (in consensu omnium)、すなわち、いつでも、どこでもすべての人々に信じられる (quod semper, quod ubique, quod ab omnibus creditur) 神と呼んでいるのです。わたしは、自分が怒りや恐れにかられて神の名を用いるときはいつでも、そして、思わず「おお、神よ」と言うときはいつでも神を思いだし、神を呼び出します。自分より強力な誰かや何かに出会うときにこのことが起こります。それは、わたし自身の心のシステムの中にあって、わたしの意識的な意志を従え、わたし自身に対するコントロールを乗っ取るすべての圧倒的な情動に与えられた適切な名前なのです。自分の気ままな生の道を暴力的かつ非情に横切り、自分の主観的な見解、計画、意図をくつがえし、自分の人生行路を良きにつけ悪しきにつけ変えてしまうすべてのものをわたしはこの名前で呼ぶのです。伝統にそって、否定的な面でだけでなく肯定的な面でも、そして、その起源がわたしの支配をこえているのですから、わたしはこの運命の力を「神」とか「人格神」と呼びます。なぜなら、わたしの運命は他ならぬわたし自身だからです (Jung, *Letters*,

2 : 571.)。

(24) Jung, *Letters*, 2 : 156.
(25) Jung, *Collected Works*, 11 : 456.
(26) Ibid., 383. アントーニオ・モレーノは，悪が善の欠如態（privatio boni）だというアウグスティヌスの理解をユングがどの場合も歪めて伝えていると指摘する。

> 悪とは「善の欠如態（privatio boni）」だという定義に関するユングの解釈は間違っている。聖アウグスティヌスも聖トマスも，これほど明白な経験の事実の存在を否定することはできない。悪は宇宙において非常に現実的であり，人間の中には悪が存在する。アクィナスは言う。「悪が存在しないという前提に立つなら，あらゆる禁止と罰は無意味となろう。というのは，それらは悪をとどめるためのものでしかないからである。・・・したがって，物事に腐敗が見られるように，悪も見られることは明らかである。・・・」
> このようなわけで，悪は存在する。それは現実的であり，非常に現実的なのである。・・・それゆえ，アウグスティヌスの悪の定義は，その存在を否定することの言い訳とはなりえないし，ましてや，道義的に嫌悪すべき習慣や，その定義の誤った解釈の結果として生じる他のいかなる帰結をも正当化することの言い訳にもなりえない。・・・悪は存在する。しかし，どのような種類の存在か。・・・善と悪は反対のものである。しかし，それらに対応する対立とはどのような種類のものであろうか？」(Antonio Moreno, *Jung, Gods, and Modern Man* [Notre Dame, Ind. : University of Notre Dame Press, 1970], 151-154.)。

(27) Jung, *Collected Works*, 11 : 419.
(28) Ibid., 183.
(29) Ibid., 468.
(30) Heisig, *Imago Dei*, 26.
(31) Ibid., 137.
(32) Jung, *Collected Works*, 11 : 469.
(33) Ibid., 10 : 483.
(34) Jung, *Letters*, 2 : 260.
(35) Jung, *Collected Works*, 11 : 459.
(36) Heisig, *Imago Dei*, 126.
(37) Jung, *Letters*, 2 : 156.
(38) Jolande Jacobi, *Complex, Archetype, Symbol in the Psychology of C. G. Jung*, 31.
(39) Jung, *Collected Works*, 1 : 160.
(40) Jung, *Letters*, 2 : 23.
(41) Ibid., 258.
(42) Jung, *Collected Works*, 11 : 275.
(43) Ibid., 204.
(44) Ibid., 7 : 77.
(45) Ibid., 234.
(46) Ibid., 11 : 15.
(47) Homans, *Jung in Context*, 190-191.
(48) Goldenberg, *Changing of the Gods*, 25.
(49) グリーンバーグとミッチェルは以下の文献で，科学哲学における今日の考えを論じており，助けになる。Greenberg and Mitchell, *Object Relations in Psychoanalytic Theory* (Cambridge: Harvard University Press, 1983) 16-19. ここにその一部を収録する。

現代の科学哲学者たちは，科学と「客観的」現実の関係を再考してきた。この新たな見解によれば，理論の外にあって純粋に客観的な事実と観察というようなものは何も存在しない。何が事実としてみなされやすいか，どのように何が観察されるかを**決定している**のは，人の理論，理解，考え方なのである。観察それ自体が「理論を背負っている」と理解される。

トマス・クーンの著書に関して彼らは次のように述べている。

> パラダイムは，「真理」とみなされる現実についてのモデルであるから，忠誠心をあおる。あるパラダイムの影響が全盛である時期には，その特定の分野の内部にいる研究者たちはほとんどみな，その支配下にある。それが提供する認識論上の前提，方法論上のアプローチ，観察の手段に関して共通の合意が存在する。その全盛期が過ぎると，そのパラダイムによって正当化されてきた境界の外部から，新たなデータ，新たな考えが現れ始める。この時，さまざまな方略のオプションが勢揃いする。古いパラダイムに忠実でありつづけ，それと一致しない新しいデータや概念を一切合切否定するものもある。調節と呼ぶことができようが，もう一つの方略は，古いパラダイムのもろもろの概念と境界を広げて，新しいものを包み込もうとする。

精神分析のもろもろのモデルについて彼らは次のように述べる。

> 精神分析の諸理論は形而上学的な関わりを反映するモデルとして機能する。なぜなら，それらは検証しようのない前提に基づいているからである。

(50) Jung, *Collected Works*, 17：198.

第6章

(1) 以下の文献を見よ。James Hillman, *Anima: An Anatomy of a Personified Notion* (Dallas: Spring Publications, 1985); Irene de Castillejo, *Knowing Woman* (New York: Harper Row, 1973); Edward Whitmont, "Reassessing Femininity and Masculinity: A Critique of Some Traditional Assumptions," *Quadrant* 13, no. 2 (Fall 1980). 少なくとも当代の4人のユング派の分析家はフェミニズム的関心から理論的著作を行っている。以下の文献がそれである。Linda Leonard, *The Wounded Woman: Healing the Father-Daughter Relationship* (Boston: Shambala Books, 1982) ［L.S.レオナード『娘の心が傷つく時──父娘関係の治療』(藤瀬恭子訳) 人文書院, 1987］; Sylvia Brinton Perera, *Descent to the Goddess: A Way of Initiation for Women* (Toronto: Inner City Books, 1981); Jean Shinoda Bolen, *Goddesses in Every Women: A New Psychology of Women* (San Francisco: Harper and Row, 1984) ［『女はみんな女神』(村本詔司・村本邦子訳) 新水社, 1991］; Polly Young-Eisendrath, *Hags and Heroes: A Feminist Approach to Jungian Psychotherapy with Couples* (Toronto: Inner City Books, 1984) ［『夫婦カウンセリング──女が真に求めるものは何か』(村本詔司・織田元子訳) 創元社, 1987］. これら4人のうちでボーレンとヤング゠アイゼンドラスはフェミニストであることを最も自認しており，自分のフェミニズム体験が自分の覚醒の一部として，そしてユング派分析家としての自分の仕事に啓発的であったと語っている。

(2) 以下の文献を見よ。Lauter and Rupprecht, *Feminist Archetypal Theory*; Catherine Keller, "Wholeness in the King's Men," *Anima* 11, no. 2 (Spring Equinox 1985): 83-95.

(3) ユングは，無意識体験の深みに入っていくほどに自我が十分に強くない人の問題を取り上げている。その体験は潜在的精神病を顕在化させることになるかもしれないのである。しかし，彼は，女性たちの自我が男性たちの自我とは異なっていて，しっかりと固定していないという可能性も，また，そのために，自我の「滅却」が女性たちには不適当であるという可能性も考慮しなかった。ジュディス・プラスコフとヴァレリー・セイヴィングは，伝統的な罪の定義が女性には不適当

であるということを書いてきたフェミニスト神学者である。セイヴィングは次のように述べている。

> というのは，女性が**女性として**受ける誘惑は，男性が**男性として**受ける誘惑とは異なっているからである。罪が「女性的」な形をとるのは，それらが女性に限定されているからでも，女性たちが他の方法で罪を犯せないからでもない。これらの罪の形が女性の基本的な性格構造から派生してきたもので，「プライド」や「権力への意志」などといった言葉ではけっしてカバーできない性質を持っているからである。それらは以下の言葉で示唆した方がよい。とるにたらなさ，迷わされやすさ，気の散りやすさ，散漫さ，物事をまとめあげる中心点または焦点の欠如，自己定義のための他人への依存，優秀さを犠牲にした寛容，プライヴァシーの境界の守れなさ，感傷，噂話好き，理性への不信，要するに，自己の未発達もしくは否定なのである(Judith Plaskow and Valerie Saiving, "The Human Situation," *Womanspirit Rising*, 37.)。

以下の文献も見よ。Judith Plaskow, *Sex, Sin, and Grace: Women's Experience and the Theologies of Reinhold Niebuhr and Paul Tillich* (Lanham, Md.: University Press of America, 1980).

(4) Miller, *Toward a New Psychology of Women*, 72.
(5) Nancy Chodorow, *The Reproduction of Mothering: Psychoanalysis and the Sociology of Gender* (Berkeley: University of California Press,1978), 110. [ナンシー・チョドロウ『母親業の再生産』（大塚光子・大内菅子訳）新曜社，1981］
(6) Carol Christ, "Spiritual Quest and Women's Experience," *Womanspirit Rising*, 238.
(7) わたしのボストン大学神学校の学生であるエレン・ブレンナーが1986年11月19日のクラス討議の際に，このことをわたしに示唆してくれた。
(8) Elizabeth Dodson Gray, *Green Paradise Lost* (Wellesley, Mass., Roundtable Press, 1979), ix.
(9) 第一世代のユング派の分析家で著述家のマリー・ルイーズ・フォン・フランツは，男性たちによるアニマの投影と，女性たちの自己感覚のもつれについて次のように書いている。

> 女性の心理とアニマの心理がどのように絡み合っているかに注意を集中しようとすれば，問題全体はある点で複雑になり，別の点では単純になる。・・・それゆえ，女性たちのなかには，アニマの投影に完全にはまってしまうものがいる。・・・もしある男性が彼女をアニマの形姿ということだけで好きになれば，彼女はアニマの役割を演じざるをえなくなる。この相互反応は良くも悪くもありえるが，女性は男性のアニマの形姿に非常に影響を受けている。そのためにわたしたちは，ある非常に原始的で単純で集合的なレベルへと導かれる。そこではアニマのもろもろの特徴と現実の女性たちを分けることができないのである。しばしばこの二つはかなりの程度までまぜこぜになって互いに反応しあっている (Marie Louise von Franz, *The Feminine in Fairytales*〔Zurich: Spring Publications, 1972〕, 1-2.) [マリー・ルイーズ・フォン・フランツ『メルヘンと女性心理』（秋山さと子・野村美紀子訳）海鳴社，1979］．

フォン・フランツは，女性の自己感覚に個々のアニマの投影がどのような影響を及ぼすかについて述べているのだが，この有益な明確化においてもなお，彼女は，父権制社会全体が女性たちの自己感覚に強力な影響を及ぼしていることを見落としている。

(10) Jung, *Collected Works*, 7 : 186.
(11) Ibid., 187.
(12) Ibid., 9(1) : 98.
(13) Ibid., 82.
(14) Ibid., 90.
(15) Ibid., 99-100.
(16) Ibid., 106.

(17) 以下の文献の特に第1部を見よ。Miller, *Toward a New Psychology of Women*.
(18) Jung, *Collected Works*, 9(2) : 13.
(19) Whitmont, *The Symbolic Quest*, 192.
(20) Ernest Becker, *The Denial of Death* (New York: Free Press, 1973), 39-40.
(21) Jung, *Collected Works*, 9(1) : 107.
(22) Ibid.
(23) Ulanov, *The Feminine in Jungian Psychology*, 193-194.
(24) Ibid., 196.
(25) Berger, *The Sacred Canopy*, 37.
(26) Whitmont, *The Symbolic Quest*, 179.
(27) Jung, *Collected Works*, 9(2) : 268.
(28) Ibid., 14 : 178-179.
(29) Erich Neumann, *The Origins and History of Consciousness*, Bollingen Series 52 (Princeton: Princeton University Press, 1954), 125n. [『意識の起源史（上）・（下）』（林道義訳）紀伊國屋書店, 1984, 1985]
(30) Jung, *Collected Works*, 9(2) : 14.
(31) Chodorow, *Mothering*, 169.
(32) Jung, *Collected Works*, 7 : 208-209.
(33) Ibid.
(34) Ibid., 205-206.
(35) Emma Jung, *Animus and Anima: Two Esseys* (Zurich: Spring Publications, 1957), 20. [『内なる異性——アニムスとアニマ』（笠原嘉・吉本千鶴子訳）海鳴社, 1976]
(36) Ibid. しかしながら，これに続くページではエンマ・ユングの言葉は疑いもなく女性蔑視的になる。内面化された抑圧が働いていることの好例なので，ここに引用する。「心の本当に創造的な能力は女性には稀であることは周知のとおりである。高いレベルまで自分の思考，識別と批判の能力を発展させた女性はたくさんいるが，男性のように創造的な精神を持っている女性は非常に少ない。意地悪く言えば，女性は発明の才があまりに欠けているので，もしも男性によっておたまじゃくしが発明されていなければ，女性はいまでも棒切れでスープをかき回していることだろう。」

訳　注

序　文

(1) **フェミニスト神学**　フェミニズムの立場にたつ神学。神理解，教義，教会制度などの面で従来のキリスト教を縛ってきた男性優位と女性蔑視の傾向を指摘し，それを克服してゆこうとする運動。
(2) **帝国主義**　狭義には，資本主義の最終段階を表すためにレーニンが作った経済学用語だが，普通には，軍事・経済的に他国を征服して大国家を建設しようとする侵略主義的傾向を意味する。ここでは知の分野に敷衍されて用いられている。
(3) **知識社会学**　人間の認識活動および知識と社会的背景の関係を研究する社会学の一分野。思想・文化を上部構造としてこれを社会，経済という下部構造に還元するマルクス主義的なイデオロギー論を克服するためにマックス・シェーラーとカール・マンハイムによって確立された。著者は，フェミニズムを知識社会学の一つの理論としてとらえたうえでユング心理学とその社会的背景との関係を検討しようとしている。

第1章

(1) **バックミンスター・フラー**　アメリカの建築家，技師。革命的デザインと，ジェオデシック・ドームの考察で知られている。
(2) **エンパワーメント**　訳すのが困難なため，しばしば訳されずに片仮名で表記される。外部の権威に依存させることによってではなく，自分の置かれている社会的立場と社会の仕組みと内外の資源を理解させ，本人たちの力を発揮させることによって社会的弱者を内面から強くすること。
(3) **アンコンシャスネス・レイジング**　コンシャスネス・レイジング（consciousness raising）は元来はマルクス主義の労働運動から起こり，その後フェミニズム運動に取り入れられた意識変革の技法。社会的弱者に，日常直面している自分たちの問題がどのように一定の社会的構造から生み出されているかを，グループでの話し合いを通じて自覚させ，その変革へと向かわせる方法。意識向上と訳されることもある。アンコンシャスネス・レイジングは，社会的背景構造だけでなく元型的無意識も自覚させようとすることからそのように言われるのであろう。
(4) **社会的構成派**　男女の違いはおおむね，社会によって作られると考え，それゆえ，男性原理と女性原理を認めない人々。
(5) **生得的差異派**　男女の違いはおおむね生まれつきのものと考え，それゆえ，男性原理と女性原理を認める人々。大部分のユンギアンはこれに属する。
(6) **内面化された抑圧**　ここでいう「抑圧（oppression）」は，精神分析の用語としての「抑圧（repression）」，つまり，自我が認めたくない考えや気持ち，記憶を無意識に追いやる心の防衛メカニズムではなく，男性による女性の支配という社会的な事象である。「内面化」とは，それが女性の心の中に取り込まれてしまって，女性自身にもそのことが無自覚になって，その言動を内側から支配するようになるプロセスである。

第2章

(1) **ノモス** 人為的な規範，掟などを意味するギリシャ語。
(2) **ヌーメン的なるもの** 通常「ヌミノーゼ」と片仮名表記されている。ルードルフ・オットーは，宗教の本質を言い表すために，神や霊を意味するラテン語 numen から numinous という形容詞を作り，さらにそれを名詞にして das Numinose という語を作った。畏怖させたり，魅惑するものとして体験される。

第3章

(1) **永遠の相の下** スピノザの表現。感覚に縛られているだけでは物事の個別的，偶然的な面しかわからないが，直観においては物事の普遍的，永遠的な面がわかるようになる。
(2) **イマーゴ・デイ** 神の似姿という意味。「神はご自分にかたどって人を創造された」（創世記，1：27）から取られており，人間には神的な面があるということと，人間は神に比べてなお不完全であることの両方がこの語で示唆されている。
(3) **間的なるもの** ブーバーの用語で das Zwischenmenschliche の英語訳。直訳すると，「人と人の間的なるもの」となり，それゆえ，the interpersonal と訳してもいいはずである。神と人の関係に似て，人と人の関係も，主体と客体，あるいは二つの主観を寄せ合わせた二次的なものではなく，「我と汝（Ich und Du）」というそれ自体で根本的な現実であることをブーバーはこの語で言い表している。
(4) **客観的要因** 各人の主観あるいは意識を越えて，これを成り立たせているもの。
(5) **相互主観性** もともとは後期フッサールの用語。わたしの意識は自分だけの主観だけで構成されておらず，本質的にすでに他の人々との主観と共有されながら構成されているということを言い表している。
(6) **目的論** 終わり，目的などを意味するギリシャ語のテロスから作られている。物事自体に一定の方向（テロス）へ向かう傾向が備わっていることを認め，物事のあり方をその傾向から説明する考え方。特に生き物の独自なあり方を示す場合によく用いられる。これと反対の考え方は機械論で，物事自体に何の発展方向も認めず，物事のあり方を外的要因の働きの結果として説明する。
(7) **能動的想像** ユング派の治療技法で，夢と違い，覚醒状態で自我を関与させながら，イメージをそれ自体の生命を持っているかのように展開させるやり方。
(8) **箱庭** ユングの影響のもとにドーラ・カルフ女史によって始められ，河合隼雄によって日本に紹介されて広く普及している心理治療技法。最近アメリカでも広く実践されてきている。砂箱に様々なミニチュアを自由に置いて自らの心の世界を表現してゆくことがそのまま治療的な意味を持つと考えられている。
(9) **三位一体** キリスト教の教義で，神は父（創造主）と子（救い主，キリスト）と聖霊という互いに関係しあう三つのペルソナに現れるが，これら三つのペルソナは本質的な違いがなく，実体としては一つであるということ。
(10) **リビドー** フロイトの用語としては性的エネルギーを意味するが，ユングは，興味や関心といったもとの意味に戻すことを提案した。
(11) **ヘラクレイトス** ソクラテス以前の古代ギリシャの哲学者。弁証法の父とも言われる。
(12) **サット・チット・アーナンダ** ガンジーによれば，サット（sat）は実在を意味し，そこから真理を意味する satya が作られる。チット（chit）は知を表す。アーナンダ（ananda）は歓喜のことである。この三つの言葉が組み合わされると，真理を体得してはじめて知識が生まれ，真の知があるところには必ず歓喜があり，いかなる苦痛も存在しない，ということを表すようになる。神はこの有・知・歓喜の一体となったものである。以上のガンジーの説明は，8世紀のヴェーダンタ思想家，シャ

ンカーラの思想を背景にしているといわれる。

第4章

(1) **カタルシス** アリストテレスの『詩学』によれば，演劇が観客に及ぼす働きを表す語で，舞台で演じられていることを見ることで観客の気持ちが洗われることを意味する。後にブロイアーとフロイトは彼らの治療技法を表す語として用いた。そこでは，患者の心の中にわだかまっているものを吐き出させることを意味する。アンナ・Oと呼ばれる患者はこれを「煙突掃除」とも呼んだ。
(2) **「女性には魂があるか」** そのほとんどが男性であった中世の神学者たちが議論した問題の一つ。
(3) **ヒエロスガモス** 神聖結婚とでも訳される。男の神と女の神の結婚。
(4) **転移** 現象的には，治療者の人格に対して患者が，陽性であれ，陰性であれ，強い感情的な反応を示すことだが，フロイトは，それが患者の子ども時代の未解決の人間関係に由来し，患者がそれを現在の治療者との関係に持ち込んでいると理解してこのように命名する。これに対してユングは，患者が治療者に元型的イメージを投影していると理解する。
(5) **経験主義** 哲学史での用語としては，認識の源泉を理性にではなく経験に求める考え方で，主としてイギリスで発展し，ロック，ヒュームらに代表される。ユングも思弁を排除しようとする点は同じだが，彼の言う経験主義は，イギリス経験主義と異なり，夢や空想，ヴィジョンといった内的経験から出発する。
(6) **現象学** 通常，現象学は，フッサールあるいはその師のブレンターノに始まって，ハイデッガー，メルロ・ポンティらへと展開してゆく哲学の運動である。断定を避ける点は共通するが，ユングは哲学者たちの現象学とはまったく無関係に「現象学」を云々する。彼らとの決定的な違いは，ユングにおいては「現象学的」であることと（これも彼なりの意味においてだが）「科学的」であることは矛盾するどころか，ほとんど同義であるということである。彼の言う「心の現象学」や「一般現象学」は自然科学というよりはむしろ，歴史学や神話学などのような精神科学のように見える。

第5章

(1) **認識論** 認識の源泉，前提，本質，限界などを扱う哲学の分野。ユングが依拠しようとするカントの哲学はしばしば認識論として特徴づけられる。カントによれば，認識は感覚的経験から出発するものの，その経験は常に空間，時間等のカテゴリーに基づき，限界づけられているので，物自体を認識することは不可能だとされる。本書のこの箇所では，ユングの認識論上のスタンスに対する批判が紹介されている。
(2) **懐疑論** 事実を認識することに自分を限定して，特に神や形而上学的な事柄の認識に関しては保留を原理とする考え方。
(3) **不可知論** 神など，究極的な事柄については知り得ないとする立場。
(4) **否定的境界概念** 境界概念（Grenzbegriff）は，カントがヌーメノン Noumenon（次の訳註参照）を特徴づける際に使っている概念。感性の傲慢を抑えるためにその限界を示すための概念で，それゆえ，ただ否定的にしか用いられない。しかし，それによって感性の彼方に何かが実質的に存在するということを言っているのではない。
(5) **ヌーメノン** カントの哲学の用語で，感性的直観の対象としての現象 Phänomenon と区別され，非感性的直観あるいは人間を越えた者の知性による直観の対象，物自体を意味する。
(6) **牧会** 牧会とは司祭や牧師による信者に対する霊的指導で，カトリックでは司牧と呼ばれる。
(7) **マナ** もともとはポリネシアの語で，ユングは『自我と無意識の関係』で「魔術の知識と力を備えた何らかのオカルト的で魔術的な性質に満ちた存在」と定義し，これと同一化した人格をマナ人格と呼んでいる。
(8) **アブラクサス** アレキサンドリアのグノーシス主義者，バシリデスがユダヤの神と同一視した最

高のデミウルゴス（造物主）。しかし、ユングは「死者への七つの説教」でバシリデスに、この神が、善でありかつ悪である最高の神だと語らせている。これに基づいて、（J. B. ラングというユング派の分析家に分析を受けた）ヘルマン・ヘッセは小説『デミアン』の冒頭で、世界という卵から出ようと戦っている鳥がアブラクサスという神に向かって飛んでゆこうとしていることを語っている。

(9) **方法論的不可知論者** 不可知論とは、窮極の事柄は人間にはわからないとする立場。方法論的とは、学問の方法として限って採用されているということ。それゆえ、ユングは、学者としての自分を離れて一個の人間としては、人は窮極の事柄を理解できると考えていた可能性はある。

(10) **善の欠如態** もともとは新プラトン主義の哲学者、プロティヌスの説で、後にアウグスティヌスによってキリスト教神学に取り入れられた。この説の前提にあるのは、善とは存在（の充実）だという考えである。それに従えば、悪は善とは別個な現実ではなく、非存在、あるいは少なくとも、存在が充実していないこととして理解される。それゆえ、トマスによれば、悪魔でさえ、その存在に関しては善であり、ただ、非存在を志向するその意志において邪悪だということになる。この世界が無から創造され、無への傾きを持っているのであるから、この説は必ずしもこの世における悪の現実性を否定することにはつながらないが、ユングなどに見られるように、しばしば表面的に誤解される。

(11) **至高善** まず善を、通常の道徳的な意味で理解する前に存在論的に理解する必要がある。神はあらゆるものを生みだし、そのうちに含み、人間の心が究極的に求めるという意味で至高善とされる。

(12) **水瓶座の時代** 『アイオーン』でユングが述べているところによれば、21世紀を迎えた現在、対立しあう兄弟（キリスト教におけるキリストと反キリスト）という元型的モチーフに支配された魚座の時代が終わり、すでに聖霊運動によって予告されてきたように、対立しあうものの統一を布置させる水瓶座の時代が始まろうとしている。

(13) **原人** 傲慢なデミウルゴスに対抗して作られ、グノーシスの神的ヒエラルキーでは最高に位置する両性具有の存在。ユングはこれをデミウルゴスや神、自我、自己と同一視し、その扱いにおいては一貫していない。

(14) **ヒュブリス** 人間としての分をわきまえず神の領分に侵入すること。

(15) **カルマ** 業と訳されてきた。仏教では、現在の状態はこれまでのカルマから説明されるが、今後の状態は現在のカルマによって決定されると考えるから、カルマの思想は必ずしも宿命論ではない。

(16) **真実在** 人間に経験できる現象の彼方にあって、経験を成り立たせている本当の現実。

(17) **神の模倣** どの宗教にかぎらず、その儀式はいずれも人間が神を模倣することで神性にあずかるという意味を持っている。キリスト教では特に「キリストの模倣（imitatio Christi）」が霊的生活の指針に掲げられており、15世紀のトマス・ア・ケンピスによる同名の書物が修養書として読まれてきた。

(18) **パラダイム・シフト** パラダイムとは、物事を認識する際にその前提となっている物の見方、考え方。パラダイム・シフトとは、それがシフト（移行、転換）すること。

第6章

(1) **マーヤー** もともとは、幻影を作り出す魔力を意味したが、ヴェーダンタ哲学では、無知によって生み出される世界の幻影的存在を意味する。

(2) **聖母マリアの被昇天** マリアが霊魂と肉体とともに天国に入ったというカトリック教会の教義。1950年に教皇ピウス12世によって定められた。その根拠は聖書にではなく、神からの啓示に求められる。

(3) **永遠の少年** 太母（the Great Mother）に属し、植物のように死と再生を繰り返す神話の少年神。

事項索引

『アイオーン』 Aion 93
間的なるもの the between 51
悪 evil 84, 85, 93, 115-117, 143, 160, 161
アニマ anima 16, 22, 47-49, 68, 73, 76, 77, 79, 80, 86-92, 95, 111, 124, 127-130, 135-143, 145-149, 152, 153, 157, 159, 160
『アニマ』 Anima (ヒルマン) 129
アニムス animus 4, 16, 18, 19, 22, 47, 68, 73, 77, 79, 80, 86-92, 95, 111, 124, 127, 129, 130, 152-160
——に乗っ取られた animus-ridden 22
——に取り憑かれた animus-possessed 67, 89, 90, 154-156
——憑依 animus-possession 4, 156, 157
否定的—— negative animus 154, 159
肯定的—— positive animus 157
アノミー anomie 28
アマゾン Amazon 148
アンコンシャスネス・レイジング unconsciousness raising 21
『いわゆるオカルト現象の心理と病理』 On the Psychology and Pathology of So-called Occult Phenomena 73
ウーマニスト神学 womanist theology 1, 2
エロス Eros 18, 87, 91, 133
エンパワーメント empowerment 20, 133, 139, 156
『往復書簡』 The Freud/Jung Letters 58, 61

か行

解放の神学 liberation theology 1, 2
拡充法 ampflication 69
影 shadow 69, 73, 77, 79-86, 89, 93, 111, 117, 124, 157
葛藤モデル conflict model 63, 76
カルマ karma 122
境界 boundary 133, 153
去勢する女性 castrating woman 156
近親姦 incest 37, 95
群衆心理 mob pychology 70, 123
経験主義 empiricism 98, 99, 107, 114, 115, 121, 123, 126
結合 coniunctio 93-96, 116, 134
元型 archetype 3, 5, 10, 11, 21, 28, 33, 49, 52, 71, 72, 73, 75, 76, 77, 85-88, 91, 93, 95, 99, 100, 104-107, 110, 114, 119-124, 131, 133, 143, 148-152
——化 archetypalizing 149, 150
——的イメージ archetypal image 26, 44, 63, 65, 70, 72, 73, 75-77, 79, 80-82, 85, 86-88, 92, 93, 97, 106, 107, 113-120, 122, 124, 126, 130, 141, 148-150, 154, 160
現象学 phenomenology 98, 99, 120
原人 Anthropos 120
『幻想の未来』（フロイト）Future of an Illusion 61
国際倫理文化修道会 International Fraternity for Ethics and Culture 59
黒人神学 Black theology 1, 2
個性化 individuation 68-70, 75, 78, 79, 81, 92, 94-96, 105, 111, 119, 124, 129, 130, 132, 133
コンプレックス complex 56-58, 70, 74-81, 86, 87, 89, 107, 113, 126, 137

さ行

「三位一体への心理学的アプローチ」 "A Psychological Approach to the Dogma of Trinity" 118

事項索引　185

自我 ego 75-80, 84, 85, 92-96, 110, 111, 130-134, 149, 153,
　——コンプレックス ego complex 77
　——の肥大 ego inflation 96
　——の滅却 annihilation of the ego 130, 132-134
自己 self 38, 73, 75, 77, 80, 92-94, 96, 97, 100, 106, 107, 111, 117, 119, 120, 124, 126, 131-135, 136, 151, 153, 161, 162
　偽りの—— false self 36, 134
　真の—— true self 36
『死者への七つの説教』Seven Sermons to the Dead 113
『自伝』Memories, Dreams, Reflections 59, 112, 117, 118
『死の否認』The Denial of Death 144
社会的構成派 social constructionist school 23, 24, 25
宗教 religion 106
宗教機能 religious function 109, 110
集合的影 collective shadow 84
集合的無意識 the collective unconscious 21, 39, 65, 71-73, 75, 81, 86, 105, 110, 118, 119, 123, 149
上位人格 supraordinate personality 96
象徴 symbol 2, 3, 15, 22, 38-41, 60, 61, 64, 65, 71, 72, 74, 76, 77, 81, 93-96, 110, 111, 120, 124, 125, 134, 142-144, 146, 147, 150
　——体系 symbolism 3, 38, 39, 41, 71, 74, 95, 96, 106, 111, 117, 149
　——システム symbolic system 38, 41
『書簡』Letters 64
女性的なるもの the feminine 6, 7, 15-17, 19, 20, 24, 25, 27, 35, 41, 47-49, 76, 91, 100, 123, 125, 129, 143, 146-148, 151, 158, 162
女性蔑視 misogyny 3, 25, 29, 87, 129, 134, 137, 138, 143, 147, 154, 155, 156, 162
自律的人格 autonomous personalities 73, 75, 82, 90
人種差別 racism 2, 19, 85
『診断学的連想研究』Diagnostic Association Studies 57
心的エネルギー psychic energy 100
心的構成概念 mental constructs 99

『心理学と宗教——西と東』Psychology and Religion East and West 98, 109
心理的埋め込み psychic embeddedness 35
「心理療法と牧会の関係について」"Psychotherapists or the Clergy" 110
「精神分析運動の歴史」"The History of the Psychoanalytic Movement" 61
制度的宗教 institutional religion 110, 111
セルフ・ヘイター self-hater 33-36, 70, 134, 156, 159
性差別 sexism 2, 3, 9, 12, 15, 17-19, 25, 26, 29, 30-32, 70, 85, 127, 130, 148, 150, 158, 161, 162
生得的差異派 innate difference school 23, 24
善の欠如態 privatio boni 116
相補性 complementarity 16, 153
『早発性痴呆の心理学』Psychology of Dementia Praecox 57

た行

大聖堂空想 cathedral phantasy 52, 54, 55, 115
タイプ論 typology 65, 66, 67, 148, 149
対立物の一致 coincidentia oppositorum 116
男性的なるもの the masculine 6, 19, 27, 41, 123, 125
男性中心主義 androcentrism 6, 17, 18, 25, 31, 39, 41, 86, 106, 127-129, 136, 138, 141, 142, 149, 158, 162
男性優位主義 male chauvinism 13
知識社会学 sociology of knowledge 2, 3, 11, 27, 28, 162, 163
父親 fater 23, 28, 37, 46, 48, 54-57, 59-62, 76, 161
父の娘たち father's daughters 137
超越機能 transcendent function 51
転移 transference 47, 58, 94, 95, 96
『転移の心理学』Psychology of Transference 93
投影 projection 16, 23, 36, 37, 44, 47, 49, 68, 75, 77, 79, 80, 82, 84, 85, 86-90, 128, 135, 137, 139, 145, 147, 152-154, 159, 162
　——の撤回 withdrawal of projection 79, 83, 84, 88, 106
取り憑く→憑依

な行

内面化された抑圧 internalized oppression 25, 26, 33-35, 37, 38, 40, 97, 127, 129, 130, 134, 138, 141, 155, 156
『年報』 Jahrbuch 61
ヌーミノースム numinosum →ヌーメン的なるもの
ヌーメン的 numinous 73, 107, 108, 120, 125, 143
　—なるもの the numinous 40, 62, 108, 110, 125, 141
能動的想像 active imagination 55, 110

は行

母 Mother 145, 148, 149
パラダイム・シフト paradigm shift 127
バランスモデル balance model 63, 64, 91, 159
非存在論化 deontologization 160
否定的母親コンプレックス negative mother complex 140
憑依 possession 75, 77, 79, 80, 85, 86, 88, 89
副人格 subpersonalities 75, 78, 79, 84,
フェミニスト神学 feminist theology 1-4, 10, 15, 16, 21, 24, 27, 38, 40, 125, 131, 135
父権制，父権的 patriarchy, patriarchal 14, 17, 18, 19, 23-26, 28, 29, 32-35, 37, 39, 49, 67, 90-92, 100, 130-136, 138-140, 143, 144, 146, 149, 150, 152-162
『分析心理学に関する二論文』 Two Essays on Analytical Psychology 136
文脈化 contextualization 43, 44, 160
ヘタイラ Hetaira 49, 148-150
ペルソナ persona 77, 78, 149, 154
補償 compensation 25, 52, 55, 73, 74, 79, 87, 88, 90, 91, 97, 138, 157
方法的不可知論者 methodological agnosticism 114
本質主義 essentialism 6

ま行

水瓶座の時代 the age of Aquarius 120
無意識との対決 the confrontation with the unconscious 62, 65, 109
メンタル・モデル mental model 127
目的論 finalism 52, 81

や行

優越機能 superior function 66
『夢判断』 The Interpretation of Dreams 56
『ユング心理学とキリスト教神学における女性的なるもの』ウラノフ The Feminine in Jungian Psychology and Christian Theology 148
『ヨブへの答え』 Answer to Job 113, 116, 118

ら行

霊化 spiritualization 46
霊性 spirituality 41, 94, 125, 163
霊的 spiritual 19, 23, 33, 36, 41, 44, 46, 51, 52, 56, 68, 94, 95, 101, 110, 134, 140, 161, 163
霊的探求 spiritual quest 126, 161
霊媒 Medium 148
劣等機能 inferior function 66, 81, 89
錬金術 alchemy 67, 68, 93, 94, 96
ロゴス Logos 18, 22, 87, 91, 133, 155

人名索引

アドラー，アルフレート Adler, Alfred 61, 65
アブラハム，カール Abraham, Karl 62
ヴォルフ，トーニ Wolff, Toni 48, 49, 96, 148
ウラノフ，アン Ulanov, Ann 14, 15, 17-19, 24, 27, 148, 149
エディンガー，エドワード Edinger, Edward 75
オットー，ルードルフ Otto, Rudolf 108, 141

カント，イマヌエル Kant, Immanuel 103-105, 113, 119
ギリガン，キャロル Gilligan, Carol 24
クーン，トーマス Kuhn, Thomas 127
クライスト，キャロル Christ, Carol 22, 38, 41, 133
グレイ，エリザベス・ドドソン Gray, Elisabeth Dodson 135
ゲーテ Goethe, Johann Wolfgang von 50
ゴールデンバーグ，ナオミ・Goldenberg, Naomi 3, 18, 19, 22, 87, 106, 125, 152

サミュエルズ，アンドリュー Samuels, Andrew 169
シェーア，ハンス Schaer, Hans 105, 106, 117
シュピールライン，ザビーナ Spielrein, Sabina 49, 96
ジョーンズ，アーネスト Jones, Ernest 62
シンガー，ジューン Singer, June 18
ストレング，フレデリック Streng, Frederick 110

チョドロウ，ナンシー Chodorow, Nancy 133,

153, 154,
デ・カスティリェーホ，イレーネ de Castillejo, Irene 130
ディークマン，ハンス Diekmann, Hans 13
ディナースタイン，ドロシー Dinnerstein, Dorothy 154
デイリ，メアリー Daly, Mary 4, 10, 16, 17, 18, 25, 35, 36
ドゥ・ボーヴォワール，シモーヌ de Bauvoir, Simone 30

ニーチェ，フリードリッヒ Nietzsche, Friedrich 50
ネイギー，マリリン Nagy, Marylin 4
ノイマン，エーリッヒ Neumann, Erich 151

ハイジック，ジェイムズ Heisig, James 45, 47, 104, 118, 120
バーガー，ピーター Berger, Peter 28, 40, 124, 149
ハガード，ライダー Haggard, Ryder 137
バーバー，アイアン Barbour, Ian 99
バベッテ Babette 74, 75
ハルパーン，ステファニー Halpern, Stephany 18, 19
ヒルマン，ジェイムズ Hillman, James 93, 129, 130
フェレンチ，サンドール Ferenczi, Sandor 58, 62
フォン・フランツ，マリー・ルイーズ von Franz, Marie-Louise 18
ブーバー，マルティン Buber, Martin 12, 51, 103, 105, 125

プライスヴェルク，ヘレーネ Preiswerk, Helene　73
ブラウン，クリフォード A. Brown, Cliford A.　103
フリードマン，モーリス Friedman, Maurice　12
フロイト，ジークムント Freud, Sigmund　18, 46, 47, 56-62, 65, 77, 81, 94, 108, 122, 123, 155
ベッカー，アーネスト Becker, Ernest　144, 145, 154
ベッテルハイム，ブルーノ Bettelheim, Bruno　13, 14, 18
ヘラクレイトス Heraclitus　64
ペレーラ，シルヴィア・ブリントン Perera, Sylvia Brinton.　21
ホィットモント，エドワード Whitmont, Edward　79, 130, 143, 145, 150
ホーマンズ，ピーター Homans, Peter　45-47, 62, 106, 124, 125

ホワイト，ヴィクター White, Victor　103, 120
ミラー，ジーン・ベーカー Miller, Jean Baker　35, 131, 142
モートン，ネル Morton, Nelle　38

ヤコービ，ヨランデ Jacobi, Jolande　91, 121
ヤング＝アイゼンドラス，ポリー Young-Eisendrath, Polly　12, 21, 32-34, 134
ユング，エンマ Jung, Emma　48, 49, 159, 160
ユング，パウル Jung, Paul　56, 57

ラプレヒト，キャロル・シュウライアー Ruprecht, Carol Schreier　21, 130
リューサー，ローズマリー Ruether, Rosemary　15-18, 25
レオナード，リンダ Leonard, Linda　21
レッシング，ドリス Lessing, Doris　33-35
ローター，エステラ Lauter, Estella　21, 130

訳者あとがき

　本書は，Demaris S. Wehr, *Jung and Feminism: Liberating Archetypes*, Boston: Beacon Press, 1987 の全訳である。ユングとフェミニズムの関係についてまとまって書かれたものとして，また，邦訳されたものとしてもおそらく最初の書物であろう。
　著者のデマリス・ウェーアはアールハム大学で学士号を，ペンナ大学とテンプル大学でそれぞれフランス語と宗教学の修士号を，テンプル大学院とパシフィカ大学院でそれぞれ宗教学と臨床心理学の博士号を取得している。専門分野は，宗教心理学，深層心理学，女性の心理とスピリチュアリティ，ヒーリング，新宗教（特に，カルトによる霊的虐待）などである。彼女はコネチカット大学，スワースモア大学，ハーバード神学校，エピスコパル神学校などで教えてきており，1993年以来，心理療法の開業実践も行っている。著書には，本書の他に，目下，霊的虐待（宗教を背景とする虐待），夫婦に対する対話療法，女性の影の側面と癒しなどに関する本を準備している。また，訳者の一人である村本はポリー・ヤング=アイゼンドラスとともに，1999年5月24日から28日まで京都で行なわれた国際会議「禅と心理学の出会い」を企画し，もう一人の訳者である中村もその準備に関わったが，そこで，著者は本書と同じタイトルで村本と同じセッションで発表し，活発な議論を呼んだ。
　ここ十数年の間に，フェミニズムという言葉同様，フェミニストたちが提起してきた問題，つまり男性優位社会で女性が女性であるということだけでいかに不当な差別を受け，セクシャルハラスメントをはじめとするもろもろの不愉快なことを経験しているか，ということに対する社会の理解もかなり進んだように見える。フェミニストの主張にたとえ心からは共感していないにしても，それを無視して今まで通りに女性に対して無神経な言動を繰り返しておれば，

女性たちから、さらには社会全体からどんなに手ひどい反撃を受けて、自らの首を絞めることになるかということを、次第に多くの男性は心得つつある。また、法学や社会学などの社会科学の分野においてだけでなく、心理臨床の現場においても女性が置かれている立場への理解に立って女性たちを支援する女性セラピストたちの数も、そしてマスメディアでの彼女らの発言もこの10年の間にかなりの増加を見せてきているのではなかろうか。

だが、日本の心理学関係の学界や専門家組織はマスメディアよりも、まだフェミニズムに対して拒否的であるように見える。それには以下のような理由が考えられる。第一には男性中心主義的な考えは、西洋に限らず日本においても、その形に違いはあれ、社会に広く流布しており、女性であれ男性であれ心理学者もよほど自覚的に検証することがなければ、それらの価値観、世界観を「自然な」ものとして内面化していること。

第二に、専門的学問研究の世界で重要視される政治的中立性である。フェミニズム運動はその政治的意味合いと不可分に発展してきているために、政治的中立に重きをおく多くの研究者はフェミニズムを敬遠しがちとなるにしても不思議ではない。特に精神分析では、伝統的に治療者の「中立性」が重要視されることは周知のことであり、フェミニズムに対する心理臨床家の消極性の一つの根拠となっている。

第三に、分析心理学においては、著者も強調しているように、元型というアプリオリなもの（経験に先立つもの）が前提されており、人間の心が形成される過程での制度化されたジェンダーの影響があまり顧みられることがなかったことである。

最後に他のあらゆる公の社会活動場面と同様に臨床心理学を含む心理学の研究、実践が、男性中心主義的な考えから自由ではない男性が創始した諸理論によって支えられ、男性優位社会の常として男性が権威的、指導的立場にある中で行なわれていることである。このような情況の中で、女性の心理学者、心理臨床家が自らの体験を、自分の声で発言し、実践に結びつける理論を形成するには、いまだに多くの困難が横たわっている。

早い話が、たとえば、理論においてであれ、実践においてであれ、まだ確固

たる地位を築いていない女性の心理学研究者・実践家が，何らかの意味で心理学における性差別をテーマにして発表（卒業論文，修士論文，博士論文，学会誌への投稿，大会での口頭発表など）をすることは，いまだにかなりの危険な企てであろう。

　結果的に，女性の精神保健専門家は男性のそれを数の上では凌駕するにもかかわらず，彼女らの多くは，権威的な立場にある男性の心理学者や精神科医が女性について行う発言に甘んじており，たとえそこに露骨な性差別的なニュアンスが含まれていても，これを批判することには極力慎重であるように見える。

　これに対して，訳者の一人村本は早くからこのテーマに関心を持ち，1990年に『現代のエスプリ　フェミニストセラピー』の特集が企画された際，「ユング心理学の立場から」（その中で，本書が初めて日本に紹介されている）を執筆した。その論文に先立って，本著の著者の同僚でフェミニストのユング派分析家であるポリー・ヤング゠アイゼンドラスの著書『夫婦カウンセリング――女が真に求めるものは何か』を創元社から織田元子との共訳で出版し，これにつけたかなり長文の解説「ユング心理学における女性理解――フェミニズムとの接点をさぐる」の中でも，精神分析と分析心理学における女性理解とそれへのフェミニズムからの批判をくわしく解説している。また，ユングの諸著作においてジェンダー，特にアニマとアニムスに関連する議論をくわしく紹介しながら，それとフェミニズムとの接点を考察しているので，ここでは繰り返さないが，今一度これらの問題について簡単に触れておきたい。

　欧米では，カレン・ホルナイがすでに1920年代半ばに，社会学者のゲオルク・ジンメルに啓発されながら，フロイトによる女性心理の発達についての理論，特にペニス羨望の説が男性中心的な偏見であることを批判している。精神分析の女性心理学に対するフェミニストたちの批判は特に，第二次世界大戦後，ボーヴォワールの『第二の性』を経て，1960年後半以来の第二次フェミニズム運動において盛り上がって今日に至っている。アメリカでさかんとなった精神分析的自我心理学が社会批判よりはむしろ社会適応のイデオロギーとして機能したという事情と深く関係しているが，ラディカル・フェミニストたちは精神分析が，神経症の治療という臨床的技法という装いのもとに，女性たちを父権

制社会に対して心理,社会的に従属するように強いてきたことを告発したのである。

　もっとも,フロイト自身は『続精神分析入門』で,「女性を受動的な状況に追い込んでいる社会秩序を過小評価しないように」と警告しており,精神分析の意図を,「女性とは何かを記述する」ことにではなく,「どのようにして両性的な素質を持つ子どもから女性が発達するかを研究する」ことに限定している。その意味では,精神分析はフェミニストたちにとって女性解放に不可欠の武器ともなりうるのである。実際,イギリスとフランスのフェミニストの精神分析家たちは,それぞれ対象関係論とラカンに触発された方向で独自な立場を展開してきている。

　ユングの分析心理学が,フロイトの精神分析にかなり遅れてフェミニストからの批判にさらされるようになったのは,前者が長い間,そして今でもある程度そうだが,アメリカの支配的な文化の中では周辺的な位置に留まってきたことにも関係している。また,フロイトとユングのそれぞれの心理学に対する女性の反応の違いも関係しているであろう。すなわち,本書の中でくわしく述べられているが,フロイトの精神分析が女性の「ペニス羨望」に代表されるように,女性が父権的社会における二流市民として生育,適応してゆく過程をあからさまに述べたのに対して,ユングは女性と男性を理論的には,平等で補完的なものとして扱い,またいわゆる女性的なるものを重要視している。それによって彼の心理学は,多くの女性の共感を得ることに成功してきた。そして,フロイトに比べて,弟子に占める女性の割合がはるかに高く,それゆえ,女性に親和的であるような印象を与えたことにもよろう。

　しかしながら,ユング自身多くの他の優秀な男性と同様,実生活においても,理論形成過程においても,自らの男性優位主義から自由であったわけではない。その著書の随所に見られる女性蔑視的記述に落胆を禁じえない女性読者は多いのではなかろうか。また,ユングの『自伝』を読む者は,おそらく彼の幼児期において母親が一時別居していたことに由来するのであろうが,彼の女性不信の強さが目にとまり,それがどのように彼の心理学に反映しているかを考えたくなるであろう。

実際のところ,ユングにとって女性との関係は,それ自体で意味があるのではなく,それを通じて内面の原初的なイメージ世界を統合するのに役立つかぎりで意味があったと考えられる。ユングはそのようなスタンスを弟子たちや患者たちにも勧めた。彼を信奉する女性たちは,結果的には,そのスタンスを逆転させて,男性との関係を,自己洞察の道具にすることを学んだ。いずれにせよ,ユングの心理学では,男女の関係は,男あるいは女がそれぞれ自らの内面をいったんそこに映しだしたうえで,そこからそれらの投影を撤収することを通じて自分の心的現実を統合するスクリーン以上のものではなく,関係そのものには現実性が認められていないといってよかろう。

　ここで強調しておきたいことだが,一方でフロイトの精神分析と同様にユングの心理学も,反フェミニズム的な面とフェミニズムに親和的な面の両方が認められるのだが,他方で女性,男性を問わずその精神のあり方を無意識,霊性を含めてよりダイナミックに扱うことを可能にする卓越した有効な手段であることに変わりはない。ユングのこの二面性を詳しく掘り下げ,ユング心理学を,フェミニズムの立場から批判的に検討することで一層深め,両者を和解させ,統合しようというのが,本書の意図とも言える。このことは,女性の心理治療において,今後ますます重要になると考えられる。

　ウェーアが第1章のはじめで示すように,ユング心理学とフェミニズムは対立しあっているように見える。だが,ヤング＝アイゼンドラスをはじめとするフェミニストのユング派分析家たちが現に存在していることを指摘して彼女は,両者がともに人間理解に重要な貢献をするという立場に立つ。フェミニストとして著者は,西洋文化が現在にいたるまで男性優位であったとの基本的認識を示す。そして,問題をさらに明確にするために,男女の違いに関する見解には,これを生得的な差異とする流れと社会的構成とする流れの二つが存在することを指摘し,彼女は,ウラノフらと反対に後者の立場に立つ。

　第2章でウェーアは,心理学と神学においてフェミニズムの思想が具体的にどのような理論的帰結を生むかを示している。焦点は,一方では,今日の男性優位社会において「内面化した抑圧」として,女性自身が抑圧を取り込んだ結果,いかにその自己評価が低くなっているかに当てられている。知識社会学を

駆使する著者は当然，女性的なるものを形而上学的な原理のように信じている，いわゆるスピリチュアル・フェミニストとは一線を画している。他方で，いわば象徴の政治学，つまり，象徴が父権制イデオロギーに利用されるあり方を批判して，象徴を女性の自己実現への資源とすることが目指される。本書を理解するうえで重要な点だが，宗教学者でもある著者は，人生に意味を与えるという点でユング心理学を宗教の一つとみなしている。

　これは，現在の日本でユング心理学が，単に一個の心理学理論として心理臨床家に支持されているのみならず，他の心理学の諸理論に比べてずば抜けて広範な人々からの支持を得ていることと無縁ではない。西欧諸国における伝統的キリスト教が，その影響力を失ってきているのと同様に，日本においても制度化された既存の宗教が，現代の人々の有り様にそぐわず，人々の心の危機，霊性の問題に十分に対応し切れていない。それにかわる代替物の一つとしてのユング心理学に人々が強く惹かれているのである。これらの事情を踏まえれば，ウェーアの主張は非常に興味深いものである。

　第3章と第4章は，これまでの章で提示した自らの立場から，著者は，ユングの人生の軌跡をたどりなおしながら彼の心理学の形成過程と，すでに日本でお馴染みの集合的無意識，元型，元型的イメージ，コンプレックス，影，アニマ，アニムス，タイプ論，個性化といったその基本概念の概略を，時にその不備を指摘しながら描こうとしている。著者が特に注目しているのは，ユング自身が精神分析を一つの宗教として確立しようとした点である。

　ユングのこの意図はフロイトによって拒否されたが，彼自身の創始した分析心理学が一つの宗教であることの意味の検討が次の第5章で詳しくなされる。著者は，ユングが宗教に与える定義が意図せずして自分の分析心理学を宗教として確立させている点に注目している。つまり，それが宗教だという所以は，（無意識の）経験こそ聖なりなのである。これがどのようにキリスト教から逸脱するものであるかが，神学的に吟味され，最終的には，ユングの標榜する経験主義の自己矛盾が指摘されてゆく。このあたりは，キリスト教に馴染んでいない一般の日本人読者にとって最もついてゆきにくいが，本書の核心をなしているといえる。

第6章は，本書の結論をなす部分である。著者はここでフェミニズムからのユング心理学の批判と再編成を企てようとしている。まず，父権制社会における女性の自我の発達には男性と異なり多くの困難が伴っていることを明確にする。この前提に立って，分析心理学の根幹である自己実現過程に伴う自我否定を父権制社会で女性に要請することの問題性を説く。現実の社会についての評価と人間としての真の生き方の理解がどのように関係しあうかは，大いに議論の余地があろう。また，ユングにおけるアニマと現実の女性の記述の混同，女性的なるものの本質（生得的なものか，社会的構成物か），否定的アニムスという言説の問題性と女性の権威を取り上げ，そこにユング自身の男性優位主義と女性恐怖が色濃く反映されていることを指摘している。かわりに著者は女性の「内面化された抑圧」というフェミニズムのとらえ方を導入することで，女性のための心理臨床に新しい地平を開き，それによって，女性が父権的社会の抑圧と男性の投影から自由になり，その霊性を統合していくための新たな指針を与えようとしている。

　著者のフェミニズムは，単に男女間の権力関係の逆転を目指すだけの政治的なものではなく，西洋で失われてきたスピリチュアリティ（霊性）の回復を目指すものであることがわかろう。だが，フェミニズムとスピリチュアリティがどのように互いに統合されうるかについては，著者自身も探求の途上にあることが，そのあたりの彼女の議論の歯切れの悪さからうかがわれる。これは同時に，女性みずからの霊的探求がその緒についたばかりであり，その困難と苦悩をも示しているといえよう。著者はブーバーにならって，従来のフェミニズムに色濃い個人主義を超えて人と人の絆の根源性にスピリチュアリティの回復の手がかりを見ようとしている。

　村本は，そのペーパーバックが出てまだ間もない1990年頃，当時社会福祉法人第一びわこ学園に勤務していた上村建二朗君を通じて知った。その時，興味を抱いてエージェントに翻訳の可能性を打診したが，すでにどこかの出版社が権利をおさえていると知ってがっかりした記憶がある。

　これとは別に中村は1992年，休暇先のロンドンの書店で本書に出会っている。当時，中村は摂食障害と女性の自我の有り様，その発達の阻害との深い関わり

に関心を払っており，それをテーマに修士論文，つづいて博士論文の構想中であった。社会文化的要因が大きな影響を及ぼしている摂食障害を扱うにあたって，すでに紹介されているユング心理学の見解と自己の女性としての体験と臨床経験の齟齬に苦しんでいた。それは著者が序文で述べているように「選択した学問分野と自分の性との間にもとからある疎外である。・・・自分の混乱を単に『自分の問題』としてしか感じていなかった」からである。フェミニズムへの関心と分析心理学の狭間にあって同じ苦悩を抱える女性心理臨床家の著した本書に出会うことが，訳者にとってどれほど大きな光明を与えたか，はかり知れない。これらの論文は，1997年に風間書房より『神経性食欲不振症の心理臨床——病態，治療，分析心理学的見解の再検討』として出版された。その中で，本書からの引用を多く用いたが，その後，本書がいまだ翻訳されていないことを知り，その翻訳を思い立った。幸い，中村の教育分析家ポリー・ヤング＝アイゼンドラスと著者は長年の友人であり，翻訳の了解を得ることができた。そして何より，以前より本書の翻訳に関心を抱いていた村本との出会いという幸運に恵まれて，初めて翻訳が可能となった。途中，中村の米国滞在や村本の多忙もあり，また，翻訳にあたっては心理学だけでなく，神学や社会学の教養もある程度要求することもあり，思いの外，時間がかかってしまった。今ここに，ユングとフェミニズムの関係に関する基本的な訳書を出せるようになったことを心からうれしく思う。女性のための心理臨床の一助となることを願っている。

　快く出版を企画してくださり，辛抱強くわたしたちにつきあってくださったミネルヴァ書房の寺内一郎氏と安岡亜紀氏に心からお礼申し上げる。

　　　2002年3月

　　　　　　　　　　　　　　　　　　　　　　　　　　　　村 本 詔 司
　　　　　　　　　　　　　　　　　　　　　　　　　　　　中村このゆ

《訳者紹介》

村本詔司（むらもと・しょうじ）

1947年生まれ。京都大学大学院退学。大阪大学で博士（人間科学）。神戸市外国語大学教授。
主著『ユングとゲーテ』・『ユングとファウスト』（人文書院），『心理学と倫理』（朱鷺書房），共編著として Awakening and Insight: Buddhism and Psychotherapy, Routledge. 訳書，論文多数。個人HP http://www.5d.biglobe.ne.jp/~shojimur/

中村このゆ（なかむら・このゆ）

1952年生まれ。同志社大学文学部文化学科心理学専攻卒業。甲南大学大学院人文科学研究科応用社会専攻博士課程修了（社会学博士）。臨床心理士。群馬大学教育学部教授。
著書『神経性食欲不振症の心理臨床』（風間書房），『拒食症・過食症のＱ＆Ａ』（共著，ミネルヴァ書房）など。

	ユングとフェミニズム	
	——解放の元型——	

2002年6月15日　初版第1刷発行　　〈検印省略〉

定価はカバーに表示しています

訳　者　　村　本　詔　司
　　　　　中　村　このゆ
発行者　　杉　田　啓　三
印刷者　　中　村　嘉　男

発行所　株式会社　ミネルヴァ書房
607-8494 京都市山科区日ノ岡堤谷町1
電話(075)581-5191／振替01020-0-8076

© 村本詔司・中村このゆ, 2002　　中村印刷・新生製本

ISBN4-623-03331-7
Printed in Japan

柏木惠子・高橋惠子／編著　　　　　　　　　　　A 5 判290頁
発達心理学とフェミニズム　　　　　　　　　本体 2800円
心理学のなかのジェンダーを検証する

伊藤裕子／編著　　　　　　　　　　　　　　　A 5 判260頁
ジェンダーの発達心理学　　　　　　　　　　本体 2800円
生涯発達のなかのジェンダー

青野篤子・森永康子・土肥伊都子／著　　　　　A 5 判180頁
ジェンダーの心理学　　　　　　　　　　　　本体 2000円
「男女の思い込み」を科学する

河野貴代美／著　　　　　　　　　　　　　　　四六判224頁
目不酔草紙 めさましそうし　　　　　　　　本体 1800円
フェミニストカウンセラーの見た女たち

ケースメント, A.／著　河合隼雄ほか／著　氏原 寛／監訳　A 5 判352頁
ユングの13人の弟子が今考えていること　　本体 3800円
現代分析心理学の鍵をひらく

氏原 寛／著　　　　　　　　　　　　　　　　A 5 判436頁
ユングを読む　　　　　　　　　　　　　　　本体 3800円
ユング攻略に不可決の手引き

―――― ミネルヴァ書房 ――――
http://www.minervashobo.co.jp/